給老百姓的
總統必修課

前言

為什麼有必要出這本書？有很多的時空背景因素。

首先是因為從美國大選開始帶來超乎常理的震撼，讓人感覺到未來世界將走入一個全新遊戲規則的狀態，當世界最強大的統治工具似乎被一個特定的思維團體所掌握時，這個社會將開始走進一個不均衡的狀態，一般的人用陰謀論或者大重置來描述這個狀態，不管人信與不信，這個虛擬的，未經證實的力量，一直以相當粗魯，幾乎不掩飾的手法在每一個領域證明自己的確實存在。

如果還原文明的初期，社會制定的遊戲規則並不一定要一成不變，而每一個遊戲規則都有他適合的時空背景，或者是最大規模適用範圍。一旦時空背景改變，或者超過這個範圍，這個遊戲規則的弊病就會產生，人們就有修正這個遊戲規則，甚至重新訂定遊戲規則的必要。

可惜這個社會的機動性跟創造性，甚至社會的良善道德，並不一定支援這個變化，相反地，因為社會任何一個最小的改動都牽涉到所有相關人的利益，這時候既得利益者有可能會盡可能的來阻擋這些進化。因而巧妙的，也與這些不知名暗黑力量完美整合再一起，或者，原先的規則就不自覺而固執的成為完美的被攻擊弱點。

在現代高度分工的社會裡面，既使同一個領域，只要專項稍有改變，可能彼此之間就完全不存在互通的理解跟語言，而人性的邪惡面，有時候會利用這種不同領域的彼此信賴，越過了合理範圍，侵犯到領域外的人或利益。

因為人類長時間在社會分工的專業底下被幫助，所以我們人對這個信任也是相當強大，除非已經親身感受到這個不合理的侵犯，否則現代社會的人們很難相信這些所謂專業的菁英，也有所謂荒腔走板的時候。因為他們之前對社會的貢獻是如此大，有時候甚至被侵犯後還會有一種斯德哥爾摩症的接受狀態，明明已經非常不合理，但是我們心理上還是不願意相信發生在周圍的事實。因為一旦證明了，之前菁英累積的努力與社會地位都有可能付之一炬。

所以本書的觀念與訴求，並不指望在所謂傳統定義的精英身上，而是把希望放在更基層明顯受迫害的弱勢族群身上，或著具有更通達心靈與純潔靈魂的人們身上。

這樣的不合理狀態其實行之已久，從社會財富分配的不公平異常，人類尚且不太有感，一直到疫情的開始，才有那麼一部分人因為生命受到威脅，而開始思考這個正常生活遊戲規則以外的暗黑力量操作的可能性。

仔細思考，其實除了醫學，包括司法，國際政治，金融體系，能源環保，農業物資，慢慢地這些操作都越來越明顯，而人類覺醒的速度將決定未來的存活跟他將所擁有或失去的一切。

在台灣，何其有幸我們難得擁有極高的自由度，我們擁有選舉國家領導人跟政治人物的選票，然而我們從來不知道為什麼，領導人換來換去，我們都沒有得到當初他的應許規劃的美好未來。即使是許多人打著公義的旗幟出發，而他們也很認真的在實現他們的競選承諾，然而一般百姓的生活依然沒有太大的改變。

這在時代力量，柯文哲的崛起，還有韓國瑜現象，都是很好的例子。熱情消退之後大家就必須來反思，改變不合理不公義的現狀，不能只靠古道熱腸。

在這本書裡，所指出來的一切對於專業的意見，其實都是在專業跳出自身應守的界線之外的建議，當專業超過了日常的邏輯，侵犯到了生活，我們才能用一個客觀中立的角度去對這個問題提出回應跟建議，人類的思想分成微觀與巨觀，這兩個角度並不侵犯涉及到所謂的不尊重專業的問題，反而這兩種觀點必須常常互相協調溝通，社會才會得到最佳的平衡點跟解答。高度的專業分工，以及學術化科學思維的要求，許多複雜的社會事件常需要被限定在某個小範圍內去尋求最精確的答案，以符合科學跟學術研究的要求。

然而過分的精確要求，在社會上卻容易導致其第二層第三層的社會因素的互動、推理產生邏輯斷片，在這個斷片當中，真實的生活，社會全貌被遮住了，人們很容易地相信被切斷的短暫表象，也懶得去探討因此發生的後續巨大影響。

在這個思考流程的背後，需要考量的，是從富商巨賈一直到街頭遊民盡可能涵蓋所有人的情感，財富，生活互動的因素，來列入考量。

而背後最大支持的力量，則是對最廣大人群，眾生平等的情感與愛。

文章中已盡最大的能力，將一切用最少專業術語的白話來敍述解釋，相信對於日常有閱讀習慣的朋友，不至於太困難理解，文章中也有不少引述不同的意見，雖然個人的評論大部分都是另外一層面的觀點，這些意見的本身，也是提供個人很棒的學習與重要資訊。在此對這些朋友獻上敬意與感謝。

這本書是一個開始，它不見得是最正確的答案，但是這是一個最基本的設定，期待很快比這本書更好的答案出現，則吾人甚幸，國人甚幸。

身為決定總統的國家主人，如果自己不知道怎麼當總統，怎麼選出正確的總統？之前有位憂國憂民的朋友立志獻身總統，每天帶著秘書與團隊討論，然後認真作筆記。靈機一動，乾脆把總統專用課程公諸於世，這樣大家都知道要選誰，或者是誰當了總統就要求他這麼做。要擁有當總統的 Know How 您才知道該選誰當總統。

總編：Michael Chang

目錄

良政共享平台發起人－高國慶院長 宣言

各位醫界同仁大家好，這次國慶決心出來時乃因當前國際的情勢，此時此刻，需要靠醫師本身挺身而出。

國慶幾年來以幹細胞產業為志業，時刻需接觸產業第一手尖端訊息，因此對此次疫情的前因後果，以至後來國際情勢轉變的判斷，與目前公眾所認知的實際情況大相逕庭，解鈴方需繫鈴人，因疫情開始而惡化的國際形勢，也應該由醫界的人來終結這一切的鬧劇。

雖然在醫界各個專業的領域互相不同，但是醫學不會，也不可以逃離最基本的自然邏輯判斷。從ＷＨＯ用不會人傳人這樣錯誤的科學引用，導致疫情快速擴散無法控制開始，世界上領導醫學的學者專家，不斷地發生許多不可思議的錯誤，我們或許無法也不願意去追究背後的責任，但是我們必須誠實面對這些一般人也很容易理解的錯誤。

如果今天我們不面對這些錯誤，從今以後我們百年來醫學界的信用就完全無法回復，我們也將成為人類歷史上的大罪人。

mRNA 這個基因轉染技術，原先是為了癌症所設計，身體的細胞癌化，如同細胞內住了一個魔王，而我們從外派天使進入細胞轉化修正祂。

但是用於疫苗，好處跟壞處完全相反，毒性極高的棘蛋白，猶如身體以外的魔王，卻將它導入如同天使一樣的正常細胞，去產生類似的毒性蛋白質以增加免疫力，這一件事有非常明顯的邏輯錯誤，是學理顛倒的誤用。這樣的知識，並不需要特定的醫學專業才能理解。只需要客觀冷靜的頭腦，還有就是對未知強大邪惡勢力對抗的勇氣。

然疫情對世界的影響，並不限於人類健康的威脅，大從冷戰時期的獨裁強權未曾主動大規模對文明國家發兵，而今和解時期民選總統卻反而發兵，一直到國際媒體平台對於訊息的全面掌控，與金融系統的崩壞，食物大宗農業物資的起伏，甚至近到兩岸情勢的緊張……

我們需要另外一個在傳統的思維以外，更積極防禦的觀點來看待這個世界。

我們從現有的政府，跟幾位台面上的候選人的實際動作或日常觀點，完全看不到一點對這件事情的獨立，客觀，有智慧，有勇氣的看法。所以今天我們站出來已是萬不得已。

值此危急存亡之秋，我們需要一個足以面對未來世局的力量，國家興亡，匹夫有責，地球的未來，我們每一個人都責無旁貸，是以我願意站出來承擔這個非常危險，非常困難，非常艱巨的工作。

我們要爭取的不是權利，我們要爭取的，是讓這個社會能夠不再為強權利益所誤導遮蓋，每一個生命都能被充分尊重，回到真理真相，天理昭昭，屬於上帝真神或一切善良宗教指引的一個新世界。

高國慶 敬上

良政共享平台發起人 — 長樺醫療集團 駱長樺院長 序

海峽兩岸，在整個歷史的軌跡當中直到現在，充滿了盤根錯節，有親情，也有仇恨，有爭執，也有合作，彼此的血脈互相交流，但彼此的立場南轅北轍，不同的信仰中，沒有人認識對方的上帝，也沒有任何神佛，能夠清楚的給予答案。

兩岸復雜的關係如同癌症一樣，雖然是身體共生的部分，但是他卻威脅著與他休戚相關的個體生命。也有醫學說法更認為癌症是體內的一種自救機制。或許同樣的我們可以藉著醫學上人類長期對抗癌症的對策，來類比應對目前的兩岸狀態。在這裡，就藉著與癌共存的模式，來說明如何化解兩岸之間的所有歷史以來的共業。

不管學術上再怎麼探討歷史上台灣本地人民的血統之爭，1949 年之後，因為國共內戰而渡海來台的民眾已經在這個寶島落地生根是一個沒有辦法抹滅的事實。在這個小島上有著人類歷史上少有的高密度文化交流，台灣這個地方成為華人地區主流文化最好的傳承，而從大陸將中華民族的血脈帶進台灣，彼此的連結已成為共同不可切割的宿命。

兩岸現在分屬兩個不同的政府，在兩個政府下轄的的民眾底下，有著對國家認同，政治制度不同的意見跟看法，進一步衍生出不同的民族歸屬感，而彼此對於不同之處缺乏包容反而激化衝突時，兩岸之間就產生如同癌症一樣無解的爭端。

在醫學上對於癌症的處理有著不同的方式，第一個方式是直接針對明顯的病灶用手術切除。但是針對如流體癌的血癌淋巴癌等無法針對一個特別的病灶處理，這樣的情況比較像兩岸千絲萬縷複雜的關係。

目前新的醫學對於癌症有更深一層的了解，有一派的說法是採取更為包容正面看待的態度，將癌症認為是身體的一種功能，然後以改善身體微環境來增加存活率，但不針對癌症本身做一種敵對消滅的處理，這樣的治療方法似乎常常給癌症的病人帶來更好的生活品質，如果這樣的方式可以讓癌症患者的壽命跟非癌症的一般人一樣的話，那癌症等於是沒有死亡風險一樣。

兩岸如果針對分歧，不斷地對立，增加仇恨，就如同讓癌症在身體不斷地成長，然後各式的醫療行為不但大大降低患者的生活品質，有時候讓抵抗力下降甚至激活了癌症，演化成更惡性的癌症病變。而當戰爭的那一天。就如同人體因為癌症而死亡，兩岸所有的文化血緣這些原本應該屬良好的情感連結，將不回頭的轉成禍遺子孫的民族悲劇。而發起戰爭的一方就是歷史上必定的民族罪人。

如何做到與癌共存，擱置爭議，有思想基礎的根基上，實際有效地來解決兩岸紛爭的問題？首先我們應該將彼此的仇恨與爭議無限制的擱置，讓時間來解決彼此的差異。第一件事情就是要建立一個百年不變的和平架構，把和平列為兩岸關係中第一個最重要的事情。

其次是在兩岸互動的細節上慢慢地討論磨合。讓兩方的認知差異在長時間的互動以後互相體諒理解。也就是改善體內的微環境。增加癌症的存活率。

兩岸的競爭應該是文明進步跟富裕的競爭，是人民安居樂業，大同世界的競爭，而不是武力的競爭，我們應該將仇恨留給過去，在歷史的傷痛上做切割，我們要給下一代一個全新沒有仇恨的兩岸氛圍跟環境，讓過去的成為過去，時間，即是最好的解藥，人類無法解決的問題就交給時間去處理。

兩岸的差異，在於彼此政策上的不同造成的不適應甚至恐慌，這才是兩岸不能融合的原因，我們應該在未來共同追求良好先進的治國政策，創造中華民族未來的幸福世界，兩岸應該要增加對彼此的包容，甚至要學習雙方各自的優點互相磨合達到水乳交融永世太平的境界。

現在國際局勢風起雲湧詭譎多變，兩岸的紛爭，有很多隱藏性外在干擾的邪惡因素在催化仇恨跟戰爭，如果配上執政者的私心跟野心，則戰爭一定是不可避免。

這時候作為國民的一份子，每一個人都應該站出來為這個時代盡一份力量，國家有難匹夫有責，作為一個醫生，我們應該效法醫國醫民的孫中山精神，敢為天下先，讓孫中山成為兩岸共同的交流語言，追求其理想大同世界的終極目標。

我們每個人都應該把時代的責任承擔起來，而這個當前最重要的責任就是要建立兩岸長久和平的架構，是以成立良政共享平台，期待超越黨派利益的思維，不但能夠造福台灣每一個百姓，才能夠盡量發揮善良地球公民的責任，讓世界邁向永久和平，永續發展的目標。

人民需要全面覺醒，台灣才有希望

台灣曾受日本统治，日本人留下台灣人個性的名言：台灣人很好管理，因好騙、難教、貪財、怕死、愛面子。

台灣詐騙技術遠勝半導體科技，還傳播全球各地，真好騙，也很不容易教育、筆者從事科普教育達40年，發現是失敗的，民眾對正確科技知識的追求仍是冷淡，2023年3月筆者撰寫了台灣最勇敢科普書《新冠肺炎疫苗─世紀大騙局，真相與自保之道首部曲》，因此書談到疫苗騙局没出版社敢出版，因害怕遭查錶怕死也！

之後該書由反疫苗人士籌款出版，其中一位反疫苗E君將書上網賣，反映熱烈，但此書目的在推廣反疫苗理念，之後找了不怕死的出版社將書鋪到各網路書店，但各通路有不同通路價位較便宜，打擊了E君銷路致心生不滿，為了一點盈利而翻臉，貪財也！

2024年即將選總統，台灣人需改掉不良性格，全民覺醒，否則就是三好多一好（台語），成為呆丸郎了！幾個觀念需瞭解，首先是台灣並無真正在野黨，民進黨是蔣經國奉美國合令在圓山飯店成立的，全民公敵調查局《世紀大騙局系列叢書》創始號中有詳細記載，此書由許榮棋主辦的臺灣之聲廣播電臺出版，書內容中有前中華民國法務部調查局臺北市調查處中山調查站調查員白瑄論述「在我擔任調查員任內，曾經參與民進黨的組黨工作；所以在我眼裡，台灣沒有真正的反對黨！」此書詳細記載1986年民進黨組黨始末，白瑄表示，因此他相當清楚台灣所謂的「民主運動」是怎麼一回事，「一切完全都是騙局」。

所以統獨都是假議題，因為有《臺灣關係法》（Taiwan Relations Act，TRA），這是一部現行的美國國內法。1979年1月1日，美國政府終止與中華民國政府間的所有正式外交關係，轉而承認中華人民共和國政府後，美國國會制定此法並由美國總統吉米．卡特簽署生效。《臺灣關係法》中提到，此法為國會授權美國政府繼續維持美國人民與在台灣人民間之商業、文化及其他關係，以促進美國外交政策，與外國、外國政府或是類似實體所進行或實施的各項方案或交往關係，同樣適用於臺灣人民。

因此除非廢掉「臺灣關係法」，否則統獨或加入聯合國都不可能，只是選舉騙票行為罷了。

目前蔡英文總統是民進黨，但經童文薰律師深入調查後，強調蔡英文是「黨國之女」，並出版《總統青春故事館》書，書自序最後一段提及：台灣百年來只有一條分野—有權有勢，無權無勢者。其餘的切分法都是謊言，深層政府的謊言。

什麼是深層政府（deep state）？按照維基百科的定義，就是一群非經民選，由政府官僚、公務員、軍事工業複合體、金融業、財團、情報機構所組成的，為保護其既得利益，在幕後實際控制國家的集團。

台灣有深層政府嗎？當然有。國際的深層政府的手也伸入了台灣。本書出版的時間，適逢蔣經國日記在爭訟之後終於可以公開，從蔣氏的日記中我們可以看到宋美齡與孔宋家族如何插手政局。這種不受民意監督的「參政者」，就是深層政府的一環。蔡英文的論文門以及發生在她就職典禮前的總統府駭客門，也證明了這群川普口中的「沼澤生物」的確存在，但也給予我們擺脫控制，找回自由的機會。

可見國民黨及民進黨本是同生根、政治舞台是一場戲，演戲的是瘋子，看戲的是傻子。選總統的人都說司法要改革，但司法始終不公是事實，要改革司法唯一方法是法庭直播，但不敢作，因會擋了律師財路以及專喬事的司法黃牛們！

台灣還有太多太多事需改變，人民需要覺醒，本書所談的都是台灣重大課題，值得一讀再讀，全民人手一冊。

生化博士《新冠肺炎疫苗—世紀大騙局，真相與自保之道》書作

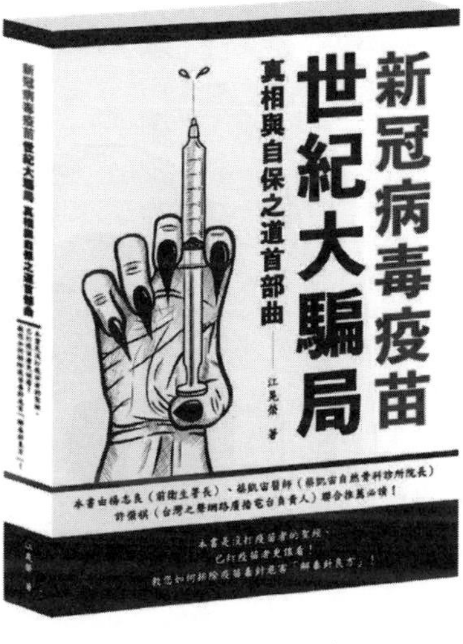

每個人的出身背景，所受教育及人生歷程不同，所以對總統的要求及看法不同，所提意見也不同。我是搞自然科學的，本著『科技始於人性』，總統受人民託付，不可逃避的責任在讓國人的生活更臻於真、善、美及幸福的生活，尤其讓人民感受到【今天比昨天好，明天又比今天好】接地氣，擁抱人民，跟人民站在一起，民之所欲長存我心。

當總統接地氣，因為一個國家的資源有限，就須對任何政策的執行，排定先後順序，考量到投資報酬率、最小成本最大利潤，對任何國家建設的大方向發展，「錙銖必較」；這一點我在前法務部長陳定南任職宜蘭縣長時我有看到。

前台南市長蘇南成，在他任職市長時，創立『馬上辦、夜間辦公室』，接受台南市民的陳情，這就是接地氣；他還在電台與市民對話【憑良心來講話】一個敢於跟市民對話的市政首長，才真是坦蕩蕩，施政不致偏離福國利民。

一個縣市長的經營，就那一畝三分地，好處理。一個總統須統合全國各縣市首長的理想及目標，看似難經營，惟盡得天下英才，輔佐國政，自專業角度下手，也不見得高難度，只要俊材入閣，事半功倍，就是百姓之福，天下明君不見得難尋。

本書慷慨寫出對人民總統的看法及要求，值得大家參考賞讀，並讓大家收穫滿滿。

電機博士曾淼泓 2023/04/26 於內湖家中

Chapter 1

國際政治經濟局勢與貨幣體系之運作對台灣經濟的實質影響力的快速總覽，其如何直接影響到一般台灣老百姓生活之探討。

第一課 — 國際經濟與貨幣體系對台灣的影響力

『宋鴻兵著的貨幣戰爭』這是一本每一個國民都應該看的書，若身為台灣總統候選人，更是非看不可。因爲我們很需要透過這本書去理解我們每天使用的貨幣在檯面上及檯面下的國際間遊戲規則。貨幣戰爭這本書，主要環繞著一個神秘的家族，就是羅斯柴爾德家族的故事，作者整理了近代金融史一些資料，將歷史上我們所熟悉的一些人物，如卑斯邁，拿破崙，希特勒等人，他們的戰爭與他們背後之間的金流，假設性的推論這個神秘家族可能是這些戰爭背後的推動者或決定者。

除了這個家族以外，還有擴及例如光明會共濟會，還有所謂陰謀論當中的五大家族，如摩根家族，洛克菲勒家族，梅蒂奇，席夫等，書中甚至駭人聽聞的提到，幾個美國總統的暗殺與他們背後試圖發行貨幣的機率正相關，這對於始終蒙蔽於大美國主流媒體的我們是一大震撼。

不過書中有一些問題，應該可以提供各位一些不同見解的答案。書中提出的解答不見得是正確的，但是至少是一個勇敢的突破嘗試。

在所有國政論述以前，我們需要對這部分有基本條件的認識與看法，因為小從百姓的民生，大至國際間的紛爭都與這部分有直接而立即的關係，然而這部分的資訊或原理卻是我們不常知道的，但如作為一國總統卻不可不知，否則其大方向國政決策就如同瞎子摸象。令人擔心的，從過去台灣元首的決策或未來總統候選人的政見可知，他們對這領域正處於被蒙蔽無知的狀態！所以我們老百姓要超前政府，預先清楚這個事實現況，再等著看我們的領導者面對這些問題時會怎麼辦！

茲簡述如下：

(1) 每個國家在現狀的貨幣問題，並不見得完全一樣，看每個國家對於外貿換匯的態度，就會導致問題程度的不同。

(2)美元自從脫離金本位之後就等同對世界輸出通貨膨脹，一方面用武力或控制政治人物捍衛石油美元，再對外貿國，特別是美國的貿易逆差國發售大量公債，讓美元實際的價值跟票面的價值逐漸脫節。

這樣使得跟美國做外貿的國家只收到並沒有任何價值背書的，號稱美國白條的美金，這樣對以出口美國為主的國家像臺灣來說，可能會是很大的一個經濟上不可預期的破口。

(3)而像中國這樣企圖限制換滙的國家：其潛台詞意思就表示：他們的貨幣本身很可能是高估的。或許他們目前並沒有企圖以滙率侵略其他國家的可能性，但是這個方程式的內規就提供國家在國際貿易中的優勢。

當外國企業試圖運用中國因素做外貿時，第一時間就會被滙率『吃豆腐』，之後才能開始獲利。

舉例說：假設中國大陸的貨幣超發約10倍。一旦所有人都把人民幣換成美金，他們的外匯存底就可能會直接歸零了。所以中共非限制換美金不可。但當我們投資中國時，就必須先買下這些早已設定高估的貨幣作為入場卷。

我們雖然慶幸於目前中國絕大部分的外銷行為都支付了入場卷而有餘，當然這也歸功於美元也同時超發，諜對諜打成平手。

(4) 美國回收這些超發的美元貨幣債卷最好的方法就是『戰爭』！如果以物理原則或數學來算就可得知，戰爭幾乎是巨量貨幣債券回流的唯一解答。這可以解釋很多戰爭的起因與結束的方式，包括伊拉克，阿富汗。

(5) 台灣完全不一樣，台灣的匯率政策是非常保守的，相反地，台灣的一比30貨幣：就是讓人民轉換美金的難度加大。然後美金換成台幣是1比30倍，貨幣就被製造出來。政府擁有美金，外銷商擁有巨量台幣，並成為炒作房地產背後最大的隱藏能量。國家也樂得用這種方式避免通貨膨脹，再把台幣收回去。目前政府唯一做的就是抓所謂投機客，像抓替死鬼來交替，這是本末倒置的方法……

(6)台灣創造貨幣最大的來源就是換匯！第二大來源叫做「銀行重貼現」也就是各銀行向中央銀行借的錢。

問題在這裡！在個體經濟學裡面，私人的銀行貸放出去然後收取利息，這是一個互相商業的合作約定。

但是就整個國家來收取利息的這件事情邏輯上不一定必要。以總體經濟學的角度，這樣的措施，也可能因為企圖創造沒有物理基礎，不存在的財富預期收入，而造成整個社會貨幣系統發生數學上必然需要增加的紊亂，或者可能是對大眾直接的掠奪。總結如果以國家為單位對社會大眾收息是創造一個缺乏實際物理發生基礎的貨幣！再用更白話的來解釋：就是政府找一個藉口偷社會的錢。

我們之所以對此沒有感覺的原因，是社會上的金流間有互相彌補的作用，所以不易找出或發現元兇，就如同一個在超大公司偷錢的會計，挖東牆補西牆，挖的頭與補的尾金流距離距離太遠時只從中間切入看，老闆會渾然未覺。

因為國家其實在物理上不應存在這些僅憑時間就創造出來的未來財富，而當銀行向國家借錢的時候卻要為不存在的財富支付代價。貼現收利息這種事情、是應該是個體經濟學裡面的相互協議交易條件；不應該存在政府發幣這種總體經濟學的準封閉範圍之中！

美國的聯準會，背後是私人機構，意思就是國家跟私人借錢，因為這個交易的約定而支付利息，這是在國家沒有自己獨立發行貨幣時才需要作的事！或說聯準會主席須經參眾兩院同意，但實際上頂多也只如官派董事。既然台灣是政府獨立發行貨幣，國家也不需支付利息給外星人或上帝，所以理論上重貼現「不一定需要收取利息」……而這些利息怎麼來？也就是社會大眾的民脂民膏，用『時間稅』描述還比較精確……

(7)貨幣戰爭的作者提到：貨幣應該回歸到金本位。這件事情一定是不對的，因為全世界的經濟活動不可能只對應黃金，或者貴金屬。而且各種貴金屬在世界上的財富佔比，是越來越不重要。我這裡提出來一個概念叫做「貨幣價值本位」。凡具有持續可轉換的價值如土地藝術品都可以作為貨幣的發行基礎。

說了那麼多重點在哪裡？

- 外銷對台灣全體國民絕大多數其實沒什麼好處。因為我們做的其實大部分是賠本生意。
- 不須要太過分崇拜那些以薄利多銷為外銷商業策略成為首富的人，其實這些人也同時可能是賤賣台灣的人……
- 政府必須重新定位貨幣的價值以調整外貿政策。
- 應思考政府重貼現率的必要與對象，可減免用在新創產業，居住正義。
- 希拉蕊在文件解密中：犧牲台灣以換取中國美債的方式，可能已經是現在進行式，而且更完美的以半導體產業戰時通道掠奪，消耗台灣與中國整體經濟與國防戰力的三合一方式進行。

到此，**我們應該先有一個認知**：目前以外銷為主的經濟政策與後續的貨幣政策正是台灣社會貧富不均的最主因之一！為台灣百姓尋求公平的起點就要從這個基礎認知開始！

Chapter 2

影響老百姓最大的土地資源政策，現有政策的缺失，
以及合理可行的方法。

第二課 — 影響老百姓的土地資源政策

學會當總統，才會選總統

柯文哲在臉書說：

1966年，台北市政府為了安置低收入戶，在市區興建了「平價住宅」讓弱勢民眾居住。但久而久之，這些平宅就被外界「標籤化」，甚至汙名化。

所以，我們開始不再分什麼平宅、整宅、國宅，全部定位成只租不賣的「公共住宅」，再透過混居、弱勢保障比例以及租金補貼的方式來保障弱勢，過去興建的平宅，也將慢慢轉型改建為全新的公共住宅。

現階段，我們正在把安康平宅改建為興隆公宅，未來將可以提供2千戶只租不賣的公共住宅。上個月，在萬華區的福民平宅也開始改建計畫，預計明年開工，共有282戶，部分住戶已經搬移至鄰近的萬華青年公宅作為中繼點。

新的公宅跟過去的平宅很不一樣，不只蓋得漂漂亮亮，還有很多社福設施，托嬰、托幼、托老，社區活動中心一應俱全。最近落成的幾棟公宅，周邊的房價都沒有影響，代表公共住宅已經不再被視為「鄰避設施」。

對於福民平宅的居民，我們會安排好租金及搬遷補助，同時，也會要求按時開工、早日完工，讓大家都有好的房子可以住。

暗黑評論：

理想的行政院長，但是可惜不是好總統，好辛苦，八年兩千多戶夠不夠？

我們現在來檢討：公宅政策對不對？以目前政府的現有資源可否在最快速度讓百萬無殼蝸牛擁有自用住宅？

先給結論：

以同樣２０萬戶公宅預算，答案是肯定的，可讓百萬家庭立刻有房，而且不會造成房地產市場上的大崩壞！

反之，以目前政府擬定的公宅政策，不但預算龐大，緩不濟急，政策的成功與建商與房地產相關行業的全面崩潰還完全成正比！這也是目前公宅政策僅停留在安撫百姓的龜速狀態的原因！如果按柯前市長蠻牛式的一意孤行冷血向前衝，以他自豪的高效率也將造成整個市場供需價三方完全等同速度的大破壞大崩盤！

全台灣有多少家庭？

答案有八百多萬近九百萬戶家庭。

而台灣總共有多少自用住宅？

根據內政部統計：

(1) 民國109年底全國有555.79萬位自然人擁有住宅，其中8.09萬人擁有4房以上，占擁屋自然人的1.46%，合計擁有44.1萬住宅，占自然人所擁有住宅687.40萬宅的6.42%。自然人擁有多戶住宅人數以及多房者擁有住宅數量占全部住宅比例並不高。

(2) 全國有11.24萬個法人擁有住宅，其中1.34萬法人擁有4房以上，占擁屋法人的11.96%，合計擁有34.08萬住宅，占法人所擁有住宅46.34萬宅的73.55%。法人擁有多戶住宅人數比例不低，多房者所擁有住宅數占法人擁有住宅比例甚高，囤房現象較為明顯。

(3) 民國108與109兩年內，擁有多房自然人購買2萬1，792戶住宅，賣出2萬5，408宅，賣屋數量高於購屋數量3，616戶。同期間，非不動產及營建工程業且擁有多戶住宅之法人合計購買3，661戶住宅，售出1萬3，523宅，同樣是賣出高於買進，顯示住宅權屬分配朝向較均衡方向調整。

(4) 民國09年第4季，持有一年內即出售住宅的比例，自然人為9.74%，非不動產及營建工程業法人的短期交易比例則高達54.51%，顯示法人的住宅短期買賣行為相當頻繁。

全國擁有多房者占全部所有權人 1.66%，擁有 10.66% 住宅

依據民國 109 年底內政部建物登記資料統計顯示，全國單獨擁有住宅所有權者共 567.03 萬人，其中擁有 1~3 屋者 557.60 萬人（占 98.34%），擁有 4 房以上 9.44 萬人（占 1.66%）。

全國約有 794.91 萬住宅，其中 733.74 萬宅為單一所有權人（含自然人與法人）持有（占 92.31%），共有住宅約 61.16 萬宅（占 7.69%）。單獨所有的住宅中，655.53 萬宅（占 89.34%）為擁有 1~3 屋者所持有，78.22 萬宅（占 10.66%）為擁有四房以上者所擁有。

自然人擁有多房者僅占 1.46%，擁有 6.42% 住宅

民國 109 年底全國有 555.79 萬位自然人擁有住宅，其中 8.09 萬人擁有 4 房以上，占擁屋自然人的 1.46%，合計擁有 44.14 萬住宅，占自然人所擁有住宅 687.40 萬宅的 6.42%。自然人擁有多戶住宅人數以及多房者所擁有住宅數量占全部住宅比例並不高。

法人擁有多房者占 11.96%，擁有高達 73.55% 住宅

全國有 11.24 萬個法人擁有住宅，其中 1.34 萬法人擁有 4 房以上，占擁屋法人的 11.96%，合計擁有 34.08 萬住宅，占法人所擁有住宅 46.34 萬宅的 73.55%。法人擁有多戶住宅人數比例不低，多房者所擁有住宅數占法人擁有住宅比例甚高，囤房現象較為明顯。

非不動產及營造工程業法人擁有多房者占 8.73%，擁有 68.06% 住宅

全國非不動產及營建工程業之法人共有 9.84 萬個法人擁有住宅，其中 8，590 法人擁有 4 房以上，占該類法人的 8.73%，合計擁有 23.13 萬戶住宅，占該類法人所擁有住宅 68.06%。顯示非不動產及營建工程業法人擁有多戶住宅比例亦不低，多房者所擁有住宅數的占比也相當高，法人的囤房現象明顯超過自然人。

多房自然人平均持有 5.45 宅，多房法人平均持有 25.35 宅

以所有權人持有宅數觀察可發現，1.46%（8 萬 938 人）多房自然人，持有 6.42%（44 萬 1，354 宅）自然人單獨持有住宅數，平均持有 5.45 宅；11.96%（1 萬 3，442 人）多房法人，持有 73.55%（34 萬 815 宅）法人單獨持有住宅數，平均持有 25.35 宅。非不動產及營建工程業擁有多房之法人，平均持有 26.93 宅，又較法人整體平均為高，此與金融服務業及保險業持有較多住宅有關。

根據以上數據分析：

全台有九百多萬家庭，自用住宅共約 881 萬戶，其中 8 萬多人即擁有 44 萬戶，如扣自用後餘 30 萬戶，加上法人持有的部分，如按戶籍平均一人只能一戶，則約近四百萬戶可釋出。目前空屋率達到 160 萬戶。

如果政府蓋公宅，可以蓋幾戶？

因為是用政府的錢，所以誰才有這個資格可以住？讓大家來養他們？

小英總統宣稱蓋二十多萬戶公宅，不要說二十萬戶，就算蓋一百萬戶；

夠嗎？政府有此預算嗎？

只租不賣，什麼意思？

人民一輩子繳錢之後房子歸政府，所以是共產黨嗎？

為什麼會有這種完全經不起邏輯推理考驗的政策而且會受到大眾的喜歡？

然後據說智商 157 的人（不知道是不是練習效果）也大力推……

媒體的思維層次太低要負最大的責任……

公宅政策其實說穿就是政府看到建設公司賺錢自己也要跳進去搶生意的意思。

目前真正可行的方式如下：

- 確定每一個人是否有其生存不可侵犯的空間，將其最小生存空間按法律確立下來。
- 確定這個社會的主要生產者，經濟創造者，可以取得這些基本空間。
- 在這法定空間範圍內，人民可與政府借頭款，以原先的租金來直接轉換成所有權。

看過課程之一的人就知道，外銷商未必見得是社會的財富創造者，相反地他們可能是利用了社會的資源，他們已經實質的受益，政府的錢，社會的錢，他們已經先分到了。

所以內需經濟的提供者應該可以優先獲得這些機會。

政府先計算出每個公民平均應有的基本生活空間，然後再循序漸進的限制個人持有超過一定數量的生活空間。

政府可以發行大量公債，向這些原來的大地主買回超額的不動產，然後再無需頭款，直接讓可優先購買的公民與家庭，或者企業用他原先支付的租金直接轉成所有權。

而轉換的時間，會涉及利率，假設十年內還清，按目前房價與所得比例，政府應直接超發至少二倍貨幣，並短期內讓利率降至十分之一。

而這個根據社會經濟貢獻度，跟參考人權至上的跨維度思考，就可以倒推得到相對最合理的貨幣政策的答案！

當然實施上，可以用漸進的方式：

一個家庭平均月收入以8萬計，合理的居住支出佔3成約2.4萬，一年30萬20年，為600萬。

假設一個家庭實際坪數為實坪30坪，每一坪營建成本按15萬計，為450萬。加上土地合理成本3坪（10層樓），每坪按50萬計為150萬，總價也等於600萬。

在同一時間點情況，這中間唯一變數為地價。營造成本是相對合理的，可調空間不大，而地價的不合理部分，就是政府必須用強力貨幣手段介入的「單一的，存活必須的商品通貨膨脹」。

從美國發行次貸的房地美房利美的教訓要學到，只要沒有期貨禿鷹的襲擊，這個政策其實可行！

所以請記得，這些公債不可以把它打包再成為期貨或其他金融商品再出售喔！否則就會像美國一樣又被 DS 禿鷹襲擊喔！

政府購買舊宅是按舊的貨幣成本，蓋新宅則是支付最新的通貨膨脹費用！如果誰懷疑政府沒有錢夠買舊宅，那蓋新宅豈非癡人説夢？

何況，購買舊宅並不會增加供給，還能消化建設公司庫存，對經濟的衝擊是最小的。

放心，政府永遠不會輸百姓不會輸，至少從有貨幣這件事情以來，不動產的價值長期從來沒有輸過貨幣。所以政府以暫存方式以貨幣轉成持有房地產的風險是極小的，絕對小於政府總投資的平均風險，跟地主一樣。

如果政府沒有如同我之前所提出的，可以讓一般的「大眾」直接租金轉換所有權的方法。現有政策用稅金，合一稅，再加上公宅，會發生什麼事？

房地產直接崩盤半價。

以一般人的貧富差距，如果按現在的社會經濟狀況，距離購買的目標還有兩倍甚至三倍以上差距，崩盤後還是買不到。

這種情況，原先可以買一間房子的資方，就變成可以買兩間。因為成本降低。

所以整個房屋市場資方擁有房地產與基層百姓擁有房地產的比例會更偏倒向資方。

假設目前資方、百姓的房地產比是 1/1，但未來可能會變成只剩 2/1，這樣是不是等於給資方抄底？等待下一波上漲時候更大的控制房地產籌碼的掌控性？

一旦公宅數量達標，其增加的超額供給將讓市場崩盤，小建商倒光。政府成為唯一超大建設公司。

所以就目前提出來的所有方法看，此法有可能是幾個政策當中「唯一解答」。

即使政策目標正確也要考慮執行成本。雖然這個方式聽起來很恐怖，但是事實上都是根據實務上確實成功的案例，直接公式與數學的對接。

因為這只是將一個『投機客炒房』行之多年已久的成功經濟模式換成政府與人民共享罷了！

這方案執行起來你會發現所有對這件事情的恐慌，就像千禧蟲一樣，原先以為要世界末日，時間到的時候根本什麼事都沒有發生…

唯一的壞處，就是證明政府跟台灣的經濟學家跟金融學家失職……

事實證明蓋公宅只是與民爭利

據報載：

捷運局調漲新店美河市房租，但因為齊頭式調漲導致低樓層住戶最高漲幅達到31%，實算43坪的房子每個月多出快7千元，居民痛罵捷運局無情無義，議員也諷刺捷運局，根本就是為了賺錢。對此捷運局回應漲租後仍低於市場行情，沒有降價空間。

美河市住戶代表：「捷運局對我們無情對我們無理，法的方面捷運局絕對合法，因為法是你們自己訂的。」

三個租客當代表，抗議房東台北市捷運局漲租，5年前新店美河市招租，少數的第一批租客五年後續約租金微調1成，但有高達400戶第二批很不滿，原本租金在每坪558到968區間，新合約居然是要求一律調到每坪856元，原本超過的則不調整，租金不分高低樓層齊頭式平等，影響最大的就是低樓層租客，漲幅高達31%。

美河市住戶代表：「要依市場行情來調漲，我們計算下來最高漲幅在 30 幾 %，市場行情你要含家電還有家具等等，這是一個不公平的對待。」

一戶 12 樓 43 坪 3 房的住戶：「原本一個月 30600 元，現在變成 37347 元，一個月多出 6747 元，儘管捷運局強調，是外包廠商估價，目前市場行情，一坪已經來到 1 千元以上，只調整到 8 百多元，已經很優惠，但與主計總處公布房租年增幅 2.44%，還是有很大落差。

台北市議員詹為元：「捷運局可以說是政府單位，我是台北市捷運局，但是我不是都發局不是做社宅的，我就是要賺錢，這樣我也可以啊，如果你願意這樣公開對媒體講的話，你們敢說這樣的話嗎？」

台北市捷運局副總工程師魏國華：「這兩年公開招租的價格，跟各位報告都是超過 1000 塊，這 856 塊沒有降價空間。」

坦承沒有降價空間，但針漲租作業流程，會進行檢討，將會再提供書面報告，解釋調漲流程問題。

請仔細觀察哪一個政治人物或者學者或者網紅一直在提倡政府要蓋公宅解決居住問題的？

看看這個例子就知道，一旦政府開始蓋公宅，就會處於這個矛盾狀態，到底是要為政府爭取利益，還是要讓這些少數住戶享受這種不平等的政府補助？左也不對，右也不對，就是沒有人提出來，政府本來就不應該做這件事情。因為每個人都有錯誤的期待，可惜羊毛出在羊身上，這是一個吃力不討好，陰謀隱藏在其中的一個政策。

與博客來網路書店創辦人，也是讀冊生活創辦人張天立對談住宅問題；高見主張開放容積率。容積率原來是城市以相當居住水準的最高密度居住人口的計算，除了地質上的考量之外，與香港東京鈕約相比，容積率應是有上調的空間。不過張兄也提到對於免頭款的想法。

編者意見如下：

■ 政府發公債基金不是「送人民」而是「借人民」頭款，所以當沒有償債能力的時候政府就可以收歸公有。

■ 從有貨幣以來，貨幣的價值，跟基本生存空間的價值相比，從來沒有贏過，所以當發生貸款者逾期放款的時候，政府只是收回房屋，政府的總體資產並沒有減少。

■ 其實我們的社會早就有很多不事生產，卻能夠有收入的人，房東即是其中之一。這是用政府的力量把這個人口數平均轉移，讓社會上有生產力的人能夠逐漸累積自己的「無可侵犯的財富。」在這點上跟單純左派的想法又不一樣，左派的經濟政策他並沒有對價，他只是單純的支出，如果有對價的財富轉換，社會國家的價值並沒有滅失。

■ 因為目前社會上財富的累積過於懸殊，而台灣政府集結貨幣支持科技業外銷的能力也是很有戰鬥力，所以最好的方式就是倒轉過來，全國人民集中火力如台積電一樣的對外打仗，但是收割的時候就用這個平均地權方式來分配財富。

這就是聖經所說的：前線打仗跟看守兵器的都應該分得到勝利的利益。

綜合的意見可以提出修正版本：

20坪以下的居住空間，未來建商在蓋的時候政府可以容積率優惠，可讓地價成本降至目標。然後政府提供免頭款貸款。這個規則應該又可以適用於小型的店面，應該限制個人持有超過一定數量或坪數的店面。

店面的獲利是來自於商家，所以如果讓租金變成逐漸轉為持有所有權，這並不是像左派共產主義一樣的粗魯想法，這只是把創造利潤本身的貢獻與所得擴大。意思就是用資本主義的原理來創造財富。繼續創造財富之後，這個創造財富的人應該對於資產能夠有相當的把握權，否則就被房東這些非實際生產者不合理的剝奪了。

相對於多數人所提倡社會住宅其缺點如下：

■ 他確實使用了政府的部份費用支出，而不是資產互換。而政府在出這件事情上是極低效率的。

■ 不管政府用什麼方式價錢蓋社賣社宅，都是擾亂市場的行為，到底是與民爭利，還是變相輸送不知道。

■ 只租不賣就喪失原先蓋宅目的，人民需要的是一個最終不需要自己支出的所有權。如果一直要付租金那永恆是為奴；**根本沒有解決任何問題。**

所以社會公宅個人以為是一個文青心態的錯誤發明，加上政府裡面暗藏大內高手厲害人士見獵心喜，隱藏利益的相互配合，但數學跟物理學都不及格的想法。

把這個提出來，用更簡單的方式說明：

有錢的富二代如果遇到王永慶這樣的爸爸，可以跟爸爸借錢來付他的頭期款，但是爸爸是經營之神，並不會縱容他，他跟爸爸借的每一分錢都要還。這樣會有人懷疑中間有任何不妥處嗎？應該沒有！

既然沒有，政府就來擔任這個王永慶富爸爸的角色。讓年輕人脫貧。另外對於房地產的過分漲價，其實該現象就是社會貨幣的分配問題。社會上的貨幣被不公平的大量分配給房地產；如此而已。

所以配合被漲價四倍的美金，台幣其實有潛力可以加發四倍，才符合現在的幣值比例。否則就是剝奪台灣非外銷族群的資產。

這樣的加發的好處是保持國民整體信用良好，並不會造成銀行的呆帳，也可以解決房地產價錢過高的問題。

由此可知：

政府發公債讓租屋者以租金直接轉為所有權（平均地權）可以最短時間內立刻解決數百萬無殼蝸牛的居住問題！同樣規模資金下可以比蓋公宅增加五倍數量！

接下來談到貨幣寬鬆問題，全世界的政府貨幣寬鬆都是透過公債跟大公司的公司債去投入到社會，這等於是從社會的最上層去注入貨幣，但是這個方法已經被證實不但無效，而且事實上根本就只是在掠奪一般老百姓的荷包！

因為通常這些貨幣絕大部分在最上端都已經被攔截，所以他並沒有被平均的分配到社會中下層，通常是只是增加最上端人士操縱貨幣來更加進一步吞噬底層人的財產而已！所以現在我們需要重新設定貨幣注入的對象。

重點是貨幣注入的對象是誰？良政共享平台的建議就是中小企業。

因為注入中小企業是貨幣流通最有效率，往上往下，而且可產生最多社會上的服務需求的方法。配合高為邦博士所提出的引進外勞政策，大企業才需要離開台灣，中小企業聘請外勞，即可將根本留在國內就好。

請注意，如果外銷的成本許多是靠外勞，這樣美金的通膨還可以被轉嫁至別國，台灣這時賺的就是完全純利！

注入中小企業的資金，跟產生的社會效益，還有解決住宅問題可以畢其功於一役。

資金必須從房地產中解套，台灣才會有機會。

因為多數政府或學者並沒有在中小企業中去面臨中小企業借款的問題，所以對這件事情的嚴重性並不知道。

中小企業需要資金的時候通常都是要面對一些不動如山只知道抵押品的的地主金主或者黑道。所以整個台灣中小企業的發展就是一路的沒落，對台灣有很大的影響。

如何檢驗那一個政治家才有足夠勇氣跟能力，帶領臺灣走出一條新的公平正義的社會的道路？

民主的台灣，馴良有教養的百姓，我們不乏看到許多政治上的新面孔，好比說幾年前的柯文哲，以勢如破竹之勢逆轉了台北的選情。

但是卻在眾人的期待下，雷聲大雨點小結束了任期，包括時代力量那些很認真，充滿正義感專業也非常優秀的政治人物，他們也打了許多弊案，不過除了除弊之外，好像也沒有辦法給人民有更多的幸福，最多給的人民許多希望，但是從他們上台到下台除了希望以外，實質上什麼都沒有……

真正帶給基層老百姓一線生機的，其實反而可能是那些黑道人士，或者老政黨人士，而台灣基層的老百姓也沒有被那些披著道德的外衣的政治人物再度欺騙，做出了超越這些形象清新，正義感破表的所謂政治菁英的正確判斷。

這個說來很諷刺，充分體現老子所講的：聖人不死大盜不止。因為這些大盜在社會上實際的功能與對社會的貢獻其實可能遠超過這些聖人。

難道這些黑道，或執政黨，革新派政治人物口中的黨國遺毒，就是我們政治上最好的選擇嗎？當然不是，可是如果沒有從本文章論述的起點開始改革，他們或許就會成為相對最好的選擇！因為我們社會沒有更好的，或者是說我們老百姓也看不出來這些更好的政治家外表上看起來的樣子。

每一個社會基於大家認同的觀念（通常是由學術界領導），他會有一些運作的社會方程式，每一個社會方程式可以造福百姓生計的數量都是固定的。

如果當您發現這個社會有許多人幸福被剝奪的時候，好比絕大部分的人都感受到居住正義的問題，造成這些社會問題的原因其實就是這些被大家認同，被學界認同的社會方程式本身，這不是抓幾個弊案就可以完成社會革命的。像最近民進黨政府強力通過的抓投機客這種找替罪羔羊，事實上卻是反導致更多社會問題的愚蠢方案。

政治人物，必須直指以往認同的許多社會上的基本經濟觀念的問題，再提出更好的方法。

這件事情幾乎肯定會直接得罪所有位高權重，且在其特定專業上受到全國甚至世界性的肯定的社會菁英，還有他所屬的相關利益結構，好比說像彭淮南之流的質疑。

而我們的大眾，是否能夠仔細的去思考：這個被所有意見領袖，社會賢達辱罵得像神經病的人，他的提議跟自己有沒有切身利益造福的關係？

因為從自己個人微觀的利益而跳脫了媒體群眾傳播一言堂的概念，去選擇那個可能會造福自己的瘋子，看起來像神經病似的政治家……

而當這個政治瘋子造福了社會上最廣泛群眾的幸福的時候，而所有的群眾也同時自私自利的選擇了這個看起來如瘋子或可能像黑道的候選人時候，這個人當選時，反可能得到一個超越現狀的進步，讓整個社會更多人得到餵養。

道德不是任何人說了算，道德真實的定義就是「對這個社會最大多數人的好處」

就算人外表看起來醜陋不堪，用數學的角度來檢驗，就是上帝所認同的最高道德。因為只有數學屬上帝，人所說的不管他是誰都不算數。

請各位用微觀角度，最自私自利的看法來選出你心中的政治人物，如果當選，這人必定也是同時上帝所喜悅揀選，而給予權柄的……

Chapter 3

惡政通常也披著正義的外衣面具，大家鼓掌叫好，
而受害的當事人只能在暗夜獨自哭泣。

第三課 — 惡政通常都披著正義的外衣

以稅打房是財團搶錢政府再補一刀

一對姐弟的父親在民國86年買了一間3樓公寓，父親在108年2月往生，遺有配偶及子女2人，公寓繼承登記給媽媽，同年8月媽媽往生，姐弟繼承該戶房子，各自取得2分之1所有權。姐弟因不想爬樓梯，另外買了一戶電梯大樓，賣掉舊公寓在108年8月繼承該公寓，又在110年4月出售，持有期間為一年以上、未滿二年，房地合一稅以35%計算（編按：房地合一稅修法後目前2年以內稅率為45%），售價以市價計算，取得成本以公告現值計算，應交房地合一稅約143萬元。

這是一個利用打房民氣搶錢的惡例。

政府的政策之所以能夠騙得過一般百姓的原因，就是他們讓百姓誤以為只要是「公有」就是大家所共同擁有。

在公有的過程中，會產生當下許多的「私有」，而在同一個時空環境下的百姓就會因為這些「私有」第一時間就損失了許多財富。

其實政府總預算分配最公平的方法，只有一個，就是直接平均的發放給每個公民。

除此之外，其他所有編列預算的方法都是第一時間只對極少數的人有利。因為政府不是上帝，靠預算編列僅能人為的將大眾的金錢分配到相當於總體經濟百分之一的極少數人口上面。

編預算在經濟上也可說就是一種特別人士的利益輸送，很多時候其實都是一種『尋租』Rent Seeking（少數人特權壟斷）即使為了公益的目的，或成品為大家共有。大家也必須先擁有這個概念。先了解這個概念，才能保護自己的權益。

所以，凡政府所為了任何目的加稅，都要先站在不可信的立場，好比之前的奢侈稅，兩地合一稅，基本上都是財團搶錢，政府再補一刀。

在市場實際面這個加稅政策實施後看到的情況卻是：

1. 市場上高賣低買平準房價的機制喪失，變現率大幅下降。
2. 一些好不容易卡到有殼蝸牛的民眾失屋，已繳頭款打水漂，
3. 需錢孔急的中小企業賣房時被再砍三刀，雪上加霜，立即返貧。
4. 有實力財團富豪則因低價將不動產盡收囊中。

惡政通常也披著正義的外衣面具，大家鼓掌叫好，而受害的當事人只能在暗夜獨自哭泣。

附註：尋租活動（英語：rent-seeking），又稱為競租，是指在沒有從事生產的情況下，為壟斷社會資源、或維持獨占地位，從而得到獨占利潤（亦即經濟租）所從事的一種「非生產性的尋利活動」。整個尋租活動的全部經濟損失要遠遠超過傳統獨占理論中的「純損」三角形。

Chapter 4

媒體在國家社會中應該擔任的角色，現狀有何缺失？當前如何提升？媒體的管理，還有面對國際媒體平台巨獸時該有的政府角色。

第四課 — 媒體在社會中擔任的角色

媒體

媒體在社會上的功能很多元，但最理想的狀態，是應該擔任猶如宗教甚至政治經濟領袖的地位。

在各個領域的思維包括政治，社會，宗教，經濟，商業，學術上的引路作用。也才能稱之為「藝術」。目前這藝術境界除了韓國，大陸偶稍微達標以外，好萊塢幾乎都作不到。目前美國的電影圈都只剩技術層面，沒有人文高度。僅有描繪，甚少解答。

也很有可能是 Deep State 簡稱 DS 即深層政府刻意的愚民與麻醉的操作。因為流行音樂界就是這樣被控制的。

但是現代社會的複雜性，已遠遠超越當前媒體娛樂圈工作人士大多數所能感知計算，更別說解答。雖然基層的民眾也需要簡單訊息的日常餵養，但是使用他們能理解的簡單語言，不代表媒體自身必須限定自己內在層次必須也一起墮落至同一水平。

媒體人也是藝界大佬抱怨生意難作。但如因為當前媒體藝術工作者並沒有達到在社會上該有的高度，思維層次尚輸給線上的人，為何社會要高價的買單藝術？

媒體，就是社會革命，產業革命，政治革命，板塊移動的工具，小至節目，大至電影。

鏡電視為取得執照發表的聲明：

一、依法行政乃法治國家之首要原則，亦即一切行政應遵守之必要原則，近來部分立法委員卻公然要求行政機關違反此一原則，試圖以政治力凌駕法律，一再要求國家通訊傳播委員會不得審理本公司依法申請之案件，視法令如無物，簡直令人匪夷所思。

二、依照國家通訊傳播委員會人民申請案件處理期間表規定，董監事變更申請案應在三個月內作成決定，本公司自去年三月申請迄今已逾一年，早已超出審查期間甚久，部分立委不思替權益受損的鏡電視仗義執言，反而曲意要求 NCC 不得依法行政，顛倒是非，莫此為甚。

三、立委又言，國家通訊傳播委員會主其事者遭列他字案被告，不僅要迴避審理，更應自行請辭以示負責，如依此邏輯，前總統馬英九任內官司也爆量，光是八年總統任期就被告了三百多件，試問有因此影響他的統帥權及治理國家的正當性嗎？更遑論要他請辭負責；何況，這其中有太多濫訴，最後絕大多數均簽結或不起訴。

四、再退萬步言，依部分立法委員夸夸之談，本公司若對立法委員提起刑事告訴，該等立法委員是否即應停止行使立法委員職權，甚或辭職負責？足見部分立法委員之主張荒謬甚明。

五、本公司再次強調，鏡電視營運悉依法令與營運計畫內容，恪遵許可處分之附款，絕無股權轉讓、中資、或官商勾結情事，相關申請案件合法合規並受到最嚴格之審查。部分立委為遂行個人政治目的，屢以不實指控企圖影響民間媒體營運，以及濫用公器傷害民間企業，已嚴重影響本公司 400 多位員工的工作權，本公司對此不實言論，必將追訴到底。

評論：

一個社會的媒體是國家治理的重中之重，整個社會的運作精神，靈魂，道德，制度，有一半以上是要透過媒體來傳達或者運作。

基本上媒體可說是這個社會真正的領導階層，其實政治人物說穿了，還可能只是媒體運作的執行者罷了。

所以媒體本身的深度廣度在整個社會來講是極其重要，然而目前的媒體很需要更多不同領域的更專業的知識來做基礎，由媒體人士來作呈現。可惜兩方面的協作現在有點斷層，讓媒體配合社會整體進步的腳步有點遲緩。

鏡電視的前身，鏡傳媒，基本上前身是裴偉主導，作為本土媒體人與當初香港壹傳媒公司在台的一個運作團隊。當初耳目一新的經營管理方式確實在台灣媒體帶來很大的震撼，如今脫離了香港管理階層之後，犀利仍在。

但是精神與價值觀則未可知，可以感覺這個媒體試圖從當初美方支持的媒體系統中走出來，美方有一餐沒一頓薄弱的支撐，到底敵不過大陸準戰爭級的媒體強大動員力量，再加上許多廣告廠商投鼠忌器，媒體最後還是需要妥協。

而上述案引起爭議的主委，是NCC魔王級的，其角色頗受爭議，特別在下架中天案，上架鏡電視，兩邊勢力的拉扯，未來還有好戲看。

回歸主題：

媒體對社會事件解讀的水準，會大大影響我們所有的生活，政治，甚至國防政策。

以下是終結目前頻道過多的媒體亂象之建議

■ 訂出節目自製率：台灣的媒體必須建立自我的主體性，所以各主流頻道，應以自製節目為主，購買節目為輔。

■ 政府應於一段時間內，以自製節目為評鑒標準，汰弱擇強。公共電視，更不應該與民爭利，涉入商業節目的製作，應該將預算補助個電視台優良節目。

■ 各個電視台應設立公共政策宣導時段，政府應統一按公開公正標準直接照電視台營收，收視率或納稅比例反推付費，不應淪落政府單位主觀的裁決。而涉及選舉之政務官，更不應該以此為自我形象之宣傳。

■ 所有電視廣告，亦應該規定反托拉斯法，明定外國品牌廣告之最高時間比例，不得以廣告金額為唯一取捨裁量。建立真正的台灣價值。

關於公共電視的商業節目製作預算分配：

理論上政府公共電視製作的節目內容應該是一些很明顯公益性、教育性、政治性、經濟議題的討論，不應涉入商業劇或綜藝。

但如果把內容產業也當成一個國際媒體產業競爭議題來用這個方式挹注國家資源，理論上又算是一個邪惡尋租，不公義之事。但是基於可能有助於台灣國際媒體競爭的角度，所以公共電視常會去拍攝一些高度商業化的戲劇。但在此提醒建議可以做得更好的方式，就是：當有一組製作用公家預算拍出好戲劇的時候，理論上這一組製作就應該直接接受社會的挑戰，投入到一般商業電視製作圈，也就是斷奶。

而不要一直巴著母親的奶頭，別的孩子都餓死了……要不然公視圈只是一種近親繁殖關係的媒體生態鏈。

公共電視台如果不得已在做與民爭利的壞事的時候，也要多少要想想看最大的公益或公平的可能……

數位中介服務法草案爭議在哪裡？

一、充滿爭議的數位中介服務法：

網路平台上，常常會發現首頁上滿滿的敏感內容警告標語。即使是如脫口秀的娛樂性玩笑也不例外。評論政府施政的文章、甚至富人政客的社會八卦，也可能被平台加上警語或下架。未來在公開平台討論或發表特殊立場的言論時，都必須如臨深淵如履薄冰，甚至連個人加密雲端硬碟中儲存的私人聊天室討論資料，也可能因法令管制而遭到平台直接移除！

二、數位中介服務法是什麼？

『數位中介服務法』由國家通訊傳播委員會（NCC）（主委陳耀祥）提出：根據『數位中介服務法草案總說明』，為因應全球通訊科技發展，且數位中介服務（即各項網路服務）已成民眾的日常生活之一。便利之餘，卻也帶來全新的挑戰與風險，如：認知作戰、假新聞散佈、仇恨言論等。

因此政府擬定該法，規定數位中介服務提供者（即網路平台業者）須負社會責任，擔任內容「守門人」的角色，並且由主管機關（NCC與行政院下機關）擔任裁判角色，以抑制違法內容於網路散佈，為國人建造安全的網路空間。

三、數位中介服務法的爭議

個人隱私可能受到侵害：

根據草案第二條規定：政府納管內容包括：「連線服務」、「快速存取服務」、「資訊存取服務」。因此除公開平台外，私人聊天室，個人雲端硬碟等，都可受到監控。

換句話說，個人跟親密友人之間的私人對話也可能被政府看到。此恐違反憲法保障人民之私人通訊秘密權利。

公司無人自動化管理嚴重威脅民眾的言論自由：

草案第二條規定：平台業者須偵測、辨識或指名不當言論，將其處置為：暫停、終止使用者帳戶、降低排序、移除或限制他人接取、瀏覽該資訊。

一般網路平台業者通常並無雇用大量勞工進行言論審核，因此常用AI智慧自動偵測言論是否違背公司偏好立場或違法，再對該內容或者其用戶進行屏蔽等處置。目前因機器並無法判斷使用者情感或其他人為因素，常常造成誤判，已嚴重影響人民言論自由。

警告標語成為負面標籤或政治工具：

當主管機關（NCC及行政院下機關）認定內容有違法之嫌，而法院尚未核發限制令的期間，可以對該內容加註警告標語。但民眾看見附有警告標語的內容時，極可能產生負面情感，譬如在選舉期間，警告標語將成為執政黨政府或在野黨刻意誘導民意風向，致使人不當選的工具。

當政府想讓民眾無法討論此議題，就能利用警告標語作為政治操作工具，打壓社會大眾的討論。媒體的第四權也恐怕就此消失。

大量案件恐導致司法超負荷或濫訴：

依據草案第 18 條規定：當主管機關（NCC 及行政院下機關）查明言論有違法之嫌，即可向法院申請核發「資訊限制令」。而當該言論有立即處置之必要，法院必須在 48 小時內核發「緊急資訊限制令」。

但當緊急案件大量增加時，法院於短時間內進行事實查核的能力恐大幅降低，導致裁決品質可慮。

從數位中介法開始談，Elon Musk 為何買 Twitter？

當福斯新聞當家主播塔克卡爾森 Tuker Carlson 去職那一天起，美國已不再是美國！

當一個全世界最大權力的國家的現任總統，可以完全的被所有主流媒體所封殺，在法律允許言論的範圍之內，完全不讓訊息出去。整個媒體串連好的一場大戲，企圖讓川普成為一個完全失智的小丑，好像知識份子中間的一個笑話。

可千萬別認為美國的高水準民眾認可這些事情。在媒體大軍壓境下依然支持川普的思路，究原因來自於民主底蘊，科學精神極其深厚的傳統保守派美國民眾。他們已經不再信任如華爾街或者傳統政治圈的菁英份子。

這個不信任，一直陸續擴大從政治到司法。甚至醫學，學術。

然而奪下政權的拜登政府的背後勢力，並沒有因此而罷休，民主黨全體上下感受到前所未有的失落感，比當初國民黨失去政權還要狂暴急躁，除了身上還穿西裝之外，其他的作為已經慢慢靠近黑手黨的殘暴嗜血跟中國共產黨的冷血肅殺，毫不掩飾，睜眼說瞎話。誰願意放掉原本已得手的權力呢？現在只剩下美國先烈先見之明為百姓設下對抗政府的擁槍權。目前一連串的槍擊案背後主導者為誰，原因為何，民眾早已心知肚明。一旦擁槍權取消，美國即刻成美共。現在還需要用司法的工具阻止可能的政治敵手，未來直接先逮捕，安上罪名就好，如同川普，如同郭文貴。

而主流媒體唯一的中流砥柱而且擁有近九成觀眾的塔克的去職，為美國的新聞自由敲下喪鐘，福斯新聞寧可犧牲上百億美元與滅台的風險辭掉塔克，肯定是因後方整體集團利益連動超過了檯面上可見的訊息。

如果是因塔克報假新聞，他應該得到的是被關，而非被辭職。這樣的結果，坐實了陰謀論已是陽謀，背後的主導者已不再擔心群眾的眼光，可為所欲為。

雖然這世界上的檯面上首富馬斯克背後支持的力量為何尚未調查清楚，但很顯然馬斯克決定把 Twitter 買下來，對著這件事情背後的主謀開槍。

馬斯克畫了一個好笑的直線圖，從左派到右派，以中間為界線，他認為自己一直算是左派，但是現在民主黨卻把 90% 的人畫成右派，所以只好變成右派。

馬斯克買下推特之後迫不及待的就先回復了川普的帳號，然後接下來就是揭發疫苗的錯誤。這件事情雖然導致他股票下跌，跟可能的損失，但長期來說他也不得不為，如果這樣世界級巨型公司不想屈居於完全獨裁，只能讓他當小弟的狀況之下，他就必須擁有這個救命的發聲開口。

這件事情印證：未來，世界的頂級天才，將面臨大量掌握世界社會實力最強大的二流天才們的全力反抗，而這些頂級的天才，必須跟基層的百姓結合在一起，來對抗這個扭曲的世界。這些二流的天才，或許自己只是在捍衛自己已知的世界，卻在不知情的狀態下，成為陰謀者最好的工具。

或許基層的百姓並不能很了解為什麼，可能只是基於一種屬天的信任。

但是看起來除了台灣以外，全世界的人很多都已經覺醒。但是在這些覺醒的國家如美國，大部分已經來不及也沒有力量，因為他們的民主跟自由不夠深化，或已經被嚴重破壞，不像台灣還可以真的通過選舉來左右政治人物。

數位中介法，無疑是 DS 美國統治主流媒體的台灣延長線，這個法案雖然沒有通過，但是實際上已經在執行。從疫情的真實受害案例這種誠實話，都無法出去的狀況下，已經實際在實施了，而且還用到 200 億的預算，這個類似明朝錦衣衛的系統，用來對抗台灣的高度民主系統，誰贏誰輸尚未可知。

主題總結：

真正為百姓守護言論自由的數位中介法，應該是倒過來，對於巨型平台，在台灣以不公正的方式操縱言論，以演算法托拉斯來實行真正的壟斷及條件詐騙，或者親自扮上帝，執行上帝判決何者才是真理的狂妄不敬時，要以等同回到中世紀教會在判女巫火刑類似的民刑事的重罰，因為其褻瀆真神，傷天害理比真實的女巫有過之而無不及……

台灣人對此事態度、就應該像當初奇美何昭陽，友達的熊暉陳炫彬被美國以刑事拘捕一樣，台灣人既然認為美國司法判台灣人此事理所當然，就應該等比例對這些平台的企業主或者是經營者予以刑事更重罪來看待，因為他們可能參與的不僅僅是商業的掠奪，看起來這些平台正在擔任反人類罪犯的幫手，暗黑世界大戰的耳目細胞，而台灣人媚外奴性雖重，畢竟擁有目前全世界最高度的民主自由尚未被摧毀，是以猶存人類一線光明生機。

台灣的人應該團結起來好好重視言論自由，這一塊千萬不要被任何的勢力奪去。

請對岸中國好好看著，你所反對的民主自由的臺灣，也會因著民主自由而反過來拯救中國本身！成為整體華人區民族，包括台灣包括中國甚至全世界，對抗暗黑集團最強大的力量！

所以身為韭菜同胞的我們須知：

- YOUTUBE不出錢買流量他就刪你的流量，而且還偷流量，這其實是準詐騙行為。
- 政府最近在研擬數位中介法，目前立法的重點在學習中共如何控制民眾的言論，其實應該反過來。真正的數位中介法應該要禁止這些外國的媒體平台巨獸在背後不正當的操縱這些數據流量點閱率，因為這些操作跟竊國其實沒什麼兩樣，而且還可能成為國際陰謀家滅絕人類的幫兇。

Chapter 5

論如何整合兩岸與台灣內部的國家民族認同分歧，以地緣政治的實際利益與認知作戰版圖之角度，超越民族，提出對台灣最有利的兩岸民間論述，以實力爭取台灣的國際認同。

第五課——一個臺灣土生土長的『中國人』的一席話

雖然生長於臺灣，但是從小，我們接受到比大陸更完整的中華文化的教育，雖然在臺灣，我們看美國電影，吃日本料理，買德國車，看韓劇，不論好壞，我們沒有理由平白無故放棄已幾千年的文化累積。

在二十年前，台獨的概念對絕大部分的台灣人民如同妖魔鬼怪，不是政府不允許，大多數老百姓也不會這樣想。

當兩岸開放探親時，互相的友好關係達到頂峯，台灣同胞大家爭相到大陸探親送禮，有親戚的熱情不在話下，沒有親戚的也想辦法找出遠親來致意。如果台灣人不是把大陸當成一家人，怎麼會如此親密友好？

但是大陸許多人後來的一連串行為，大大傷害了台灣同胞的心。我把作出這些行為的人，統稱為：**『大陸的台獨份子』**。由於這些真正的台獨份子的言行，大大傷害了台灣同胞的情感，比外人還外人，甚至更像敵人，使得兄弟感受到不得不分家了。

在國際間，這些**『中國的台獨人士』**用統一的藉口排除台灣的參與，但實際上兩方雖各自有立場角度狀態的不同，國際間，如果中、台分為兩票，是不是我們就多一票？是不是為我們可以爭取更多權益？但是直接排斥台灣的參與，反而是真實的傷害了台灣的利益了，這樣在國際間傷害台灣的行為，是不是變相在推動台灣的獨立？

在兩岸的工商業往來，台商輸多贏少，合約一變再變，條件越來越多，朝令夕改，諸多限制，台商虧了錢了，而中國賺大錢了，這樣子險惡的投資環境，就算台商有十八般武藝最後賺了錢，也會覺得此地不宜久留。這樣如賊寇般的掠奪鯨吞的手法，如果從大陸跨到臺灣，那臺灣人豈不屍骨無存？這樣臺灣人怎可能會高興的歡迎回歸祖國呢？

再看看人權，台灣人不但每天批評政府、批評總統，甚至可以把前總統打為階下囚，中國雖然有錢了，但是靈魂是空虛的，不自由的。你們不能批評政府，無害的法輪功，都可以虐殺成這樣，按照這標準，那是不是應該把所有台灣同胞都全部關起來，甚至槍斃？而且沒有民主沒有選舉的獨裁的方式，可能適合有很多文盲的大陸，但是卻不適合民智大開的台灣啊！

論兩岸

著名倡議台獨學者蔡丁貴說：台獨要完成的門檻就是廢除中華民國憲法（所以我堅決反對蔡英文要維護中華民國憲法架構）。廢除了中華民國憲法，依據這個非法憲法成立的中華民國流亡政府就終結了。台灣人民或台灣治理當局就可以宣佈成立台灣主權國（sovereign state），然後進入制定台灣新憲法。制定新憲自然就會有新的國名。

程序是廢舊憲、終止流亡政府、宣佈建國、制定新憲、正名、加入國際組織。

要如何超越台獨的門檻，廢除中華民國憲法呢？

他認為有三個選擇可能：

- 台灣治理當局的總統，宣佈廢除舊憲，交由台灣人民公民投票複決。
- 立法院多數決議廢除舊憲，交付台灣人民公民投票複決。
- 台灣人民發起非暴力抗爭革命（類似太陽花社會運動），要求舉辦廢除舊憲，交由台灣人民公民投票決定。

又說前面兩項民進黨政權的走向越來越不可能（當然，如果滯台中國難民黨執政更不可能），蔡英文的華獨路線與其說是個人的選擇，不如說是社會政治情勢發展的必然。認為台灣的政治情勢發展，由兩蔣時代的中統（中國式的統一）而華統（中華民國式的統一），有彭明敏教授倡議的華獨、李故總統的推動，阿扁的實踐到蔡英文的落實（全面執政）。台獨陣營的盼望華獨要成為台獨的墊腳石，不要成為台獨的絆腳石。因符合這個前提，台獨陣營也多少貢獻了一些力量讓民進黨走到全面執政的地步。

蔡丁貴又認為民進黨政權要繼承中華民國流亡政府而帶來國共內戰的延續不妥。

不論是李登輝、陳水扁、蔡英文等台灣人身份的總統，正式的身分都跟滯台中國人出身的馬英九一樣，甚至跟兩蔣一樣，都是中華民國流亡政府的總統。期盼台灣人出身的總統可以帶領台灣人民出頭天，而讓他們自己成為真正的台灣總統。

但不能一方面要我們接受「中華民國台灣」，一方面搭乘「China Airline」代表台灣出訪，又要人家稱呼「台灣總統」，甚至讓瓜地馬拉總統說出「台灣才是真正的中國」。

蔡丁貴提議馬英九等代表滯台中國難民黨向中國共產黨習近平投降，和平圓滿結束國共內戰，讓滯台中國人可以回去中國落葉歸根一家親；堅持維持「台灣不是中國一部份」的現狀，（不是維持中華民國流亡政府殖民統治台灣的現狀）認為這才是國際社會在習近平發動侵略台灣戰爭的時候可以名正言順支援台灣防衛的充分立場。

以下簡評：

- 以主權國家而言，目前臺灣缺乏的是「國際承認」。
- 臺灣得不到國際承認的原因是因為兩岸實力上的落差。與國名毫無關係。
- 林志玲改名如花，美麗不減，如花改名志玲，無益票房。
- 世上沒有人分不清東西德，也沒有人誤認南北韓。

此時國名之爭，徒引內部自我分裂，反助敵方團結合一。

兩岸唯一解答，唯有登高視野，超越民族爭議，號召以善良文明之地球公民為目標，放下狹隘偏私的種族思維，才能終止紛爭，邁向和平。臺灣論武力時力逞美日之兵強，但論心戰時則盡顯偏安之懦弱，一傲一卑之間，不亦矛盾乎？

不如順應時勢，借力使力，臺灣人當中國人用，內求整合，外爭敵應；使戰爭無可聚焦，拉攏人心，瓦解意志。改變戰場，選擇優勢為宜。

再細論統獨

邱毅認為：辜寬敏曾經被執政者招降收買，不配成為台獨英雄。但英雄為實現自己的理想，只要目標一致，中間會有許多沒有辦法直線到的地方，必須迂迴而行。打仗也有以退為進，棒球投手要勝利，好球跟壞球都必須搭配，我們崇拜立場鮮明的英雄，但是我們也會支持贊成那些目標始終如一，但階段性根據實際的現狀匍匐前進的夥伴。

誓死如歸的英雄雖然讓人深刻感動，但是常常完成任務的人卻是這些有辦法轉來轉去，在革命當中保持存活跟戰鬥能量，最後達到目的的人。不過在其中令人感嘆的是，在統獨兩個事實觀點的爭議當中，更多產生的是彼此的仇恨；人與人之間的仇恨！這個仇恨讓討論事實的層次降低，造成彼此的傷害越來越深，溝通越來越不良。

這樣就算是有最好的兩岸論述方案出現，也會因為兩邊的人的仇恨而不能實施。

處於這種危急時候，我們不僅要整合自己，我們連敵人都要整合過來，看國共鬥爭史，毛澤東取得大陸靠得主要並不是戰爭，而是整合敵人成為自己人。蔣介石失去大陸江山最主要的原因、是因為軍隊內部的叛變。

雖然這些叛將在毛澤東全面掌權之後幾乎沒有例外的全部被除掉，可說這個江山是被毛澤東給騙走了，但是這個前車之鑒，卻是今天台灣逆轉兩岸實力懸殊最好的勝利方程式。

兩岸政府各自發展，人民的心中自然有一把尺，特別在今日，大陸的軍方初嚐資本主義的果實之後，戰爭的決心是可懷疑的，對政府的理解是確定的，就像台灣人絕大部分再怎麼討厭政府還是會留在台灣選擇台灣一樣，今天如果有機會，讓大陸的百姓做選擇，或者在全世界八國聯軍的壓力之下，讓中國的軍隊跟將領做選擇，那可能才是台灣將戰爭強弱的天平逆轉最好的戰略。

如何開啟這個逆轉通道，收歸人心？

就是把邪惡焦點針對事實，而不是針對個人。如何把指責用於針對人性的惡念，讓人有機會從被魔鬼附身的狀態中脱離出來，靠著每個人心中存在的善念，去整合最大的版圖。這當中沒有任何軟弱妥協，相反地這樣的強大心理力量，才可以超越純粹的軍事。

這時候我們需要從中國與台灣之間民族的爭執中提升，我們必須要從仇恨當中提升。這樣才能順利打造這個力量版塊遷移的通道。

不要認為愛的力量很小，只是你不常，也不會使用這個武器，如果你仔細研究這個説明書，你會發現她的力量比原子彈中子彈還更大。

目前台獨真正的功能被執政黨利用只有兩種：

- 選舉用。在國內盡可能區分敵我立場，以吸引選票號召。
- 戰爭用。就是作為一種提供要不要戰爭的一種意識選項。

其實台灣或者說中華民國，就一個完全實質獨立國家的條件來說，剩下的只有一個叫做「國際承認」其他什麼都不缺。

有人說要改名字才能跟中國做區分，但世上有誰搞不清楚東德西德，南韓北韓的？

「國際承認」這個東西就好像你是歌手，你自己說你唱的很好，有沒有人買票意思是一樣的。

如果是如花，把名字換成林志玲也不會得到跟林志玲一樣的出場費。你在家裡一直跟家裡人吵架說自己是國際巨星，你也不可能被邀請去奧斯卡當貴賓。

獨立議題對內說是沒有用的。對內說這件事只會讓家裡的人一直吵架，自行攻擊，又讓敵人舉國團結，一心一意的打你，壞處遠遠的勝過好處。

現在台灣被絕大部分的主要國家推進去變成中國人，目前的一中政策是國際現實，即使在台美關係如此熱絡的現在，這個現實依然不動如山，這就好像台灣被抓去監牢跟一個惡霸在一起，出不來一樣。

最好的方式，不！應該說我們目前就只能想盡辦法自己改變惡霸，盡可能讓他脫離野蠻，甚至跟他一起共謀逃出監獄，還要好好教他如何成為一個文明人，包括謀生的技能，跟世界上其他人相處的正確方法，成為世界公民。

技術上想要跟他交朋友，了解他的思想，用他聽得懂的話去跟他溝通，好比說現在中國政府很排洋，連上帝的文化都要去掉，就用排洋的角度，給他們孫中山，排掉馬克思。

他們希望台灣人成為中國人，純血的台灣就真的可以成為中國人，反正只要相信最高尚的台灣人心中，民族根本就不是問題。以台灣人的世界高度，跨越民族其實很簡單。我們真正該呼籲兩岸共同做的是善良的世界公民。

而且對岸一直強調只有中國人才能管中國人境外勢力不能干涉中國內政，所以如果臺灣人民下海成為中國人之後，當然就要按他們的想法大力關心中國國家的內政，關心中國百姓的權利，全心全意地替中國人爭取作為人應有的福利，提醒中國百姓一些不小心被政府欺負的事實。

希望如果全民政府一起做這樣事情的時候，難保台灣不要又被現在中共政府像毛澤東一樣暗地支持，甚至大力鼓吹臺獨就好了……因為有一個很像現今台灣的未來中國是件非常美好的事不是嗎？而在台灣主張統一的人，如果沒有能夠做到這裏所說的，針對大陸目前的政治陟罰臧否，那這些人就可以確定是中共的同路人，以戰爭時的交戰狀態真的是要抓起來，仁慈一點應該是取消台灣的公民資格，趕快讓他們趕快搬到大陸去，滿足他們的心願，讓他們自由去擁抱他們所喜歡認同的政權。

其實「民主中國」或「自由中國」，英文後者更好"China Free"有可能是臺灣甚至兩岸人民的最大公約數。不管台灣歷史過去是如何，一大堆從中國來的人在這邊落地生根，豐富了這個土地的文化，成為這塊土地的一部分，這是一個不可逆的事實。我們需要的是為這個不可逆的事實找出一個最好出路。

有很多獨派的見解，是認為需要跟對岸的中國做形象區分，這個主張好處很小，壞處很大。除了之前說過的「對全世界來說南韓北韓都是韓國」，不會有人搞錯，曾經有的東德西德不會有人搞錯之外；如果全世界主要的國家已經都認同一中，而且認同民主，你按著全世界目前的認知去走會有什麼問題？

如果今天全世界的國家全部一致通過要你以台灣為名來直接獨立，我們就欲迎還拒羞澀的勉強被迫接受，但是，很可惜，目前事實不是，或者說時間還不到……但是當你自己用台灣獨立做訴求的時候，第一個在島內已經自己找到一大堆敵人，台灣的力量直接一分為二，第二你沒有機會爭取對岸對台灣最有利的，中國人的支持，因為你等於是完全放棄他們了，這好像蔡政府拉高香港到台灣移民的門檻一樣，這個行為無疑是支持中共。

臺獨還有另外一個邪惡的潛台詞：

就是期待從中國得利，我不去觸碰你最害怕的民主，我只是獨善其身，不管你家事，我尊重你所有的獨裁政權，你怎麼殺中國人也跟我無關。所以你不會打我，而我還可以去中國大陸大搖大擺做生意，而像李明哲很努力的推動民主的才會被抓起來！這有點像戰國時代的獨善其身的絡秦論，結局可知，絕非良策。

這樣的臺灣對中主流兩岸理論的大架構最差勁的就是：中國的理論可以分化爭取我們台灣這邊的人，而台灣的理論卻是讓中國團結起來打台灣。目前政府用文化的工具以思想來謀獨的方式很拙劣，這樣的操作方式將徹底加深族群之間的仇恨。

台灣向來是個可憐的地方，有很多俗文化。但是因為不夠富裕，俗文化的藝術深度一直不夠。但因為渡海藝術家群的融合與加入，讓台灣有了貫穿一氣，兼具高度，深度，廣度，雅俗共賞的藝術與文化的社會底蘊。這是人類無價的寶藏。但反觀最近一些政治人物為俗文化撲脂抹粉的，不是為了藝術的提升，只是為了選舉，像流麻溝15號這種電影，拍得再好都是試圖引起仇恨的低層次作品。如果那麼仇恨當初移民來台灣行殺戮的中國人，就要徹底的找出那些當初犯案的罪魁禍首，活的斬首，死的鞭屍，搶奪霸佔的財產全部充公賠償。這個也是可以給當今世上所有的獨裁人士以敬效优。讓他們凡事投鼠忌器，不要做得太絕，老天遲早會有報應。

但是這關他們的兒子什麼事？蔣介石殺更多人也不是他兒子殺的，沒有看到美國很多英雄電影再把壞人殺了之後還撫養他們留下來的孩子嗎？

兩代的族群仇恨必須切割。

目前這個論述希望可得到臺灣最大版塊的認同，可以用來島內團結一致，對抗這個後拜登時代的世紀大危機。這方案不利的只有那些「威權時代順服如鷹犬，執政後卻一反立場假深綠中之更綠，以此質疑排除以往民進黨先烈道德者奪權的臺奸」還有那些「根本無視任何人類普世價值，一味阿諛奉承的站在暴力極權劊子手的一方，試圖賣台求榮的漢奸。」總言之也順帶可成為「臺奸」，「漢奸」的測試 PCR……最困難的解答通常不在大家認同的答案中，而在相反的地方。所以我們才需要一個新的臺灣相對論。

Chapter 6

從台灣與美國的戰略合作策略討論開始，洞悉美國戰略上深層的潛意識；如何從美方短期單獨利益的思考角度中跳脫出來，爭取對台灣更有利的戰略角度。再進一步延伸到兩岸現狀應有的基本立場與態度。

第六課 — 如何爭取對台灣有利的戰略角度

柯文哲稱：

台灣與美國是太平洋地區重要戰略夥伴，美國更是台灣出口第二大市場、重要經濟夥伴。台美除了要深化安全合作，也要持續推動美台貿易自由化，輔助國內中小企業公平競爭，創造互惠互利。

台灣民眾黨做為臺灣第三大黨，即將在明年的大選推出總統候選人、並爭取更多立委席次。對內主張重建政府的行政效率，建立廉能政府，帶領台灣自主、繁榮；對外從世界的角度回看臺灣在全球晶片戰爭的戰略意義、看印太整體政經局勢發展，看先進國家在驅動永續發展的道路上，臺灣將何去何從。

臺灣身為自由民主價值的堅定盟友，在美中兩大強權競爭下，也必須想辦法找出活路。台灣民眾黨會堅持「以台灣為名、以民眾為本」的理念，創造與各方對話的平台，爭取台灣最大生存空間。

報載

郭台銘正式宣布爭取國民黨提名參選總統，共提出台灣避戰三策：

- 台灣別向美國買武器。
- 台灣化解美中對抗。
- 台灣人民別讓民進黨執政。

評論：

買武器的部分，表面上跟郭董好像類似的意見，只是內在的精神跟做法，推論與目標，卻應該完全相反！

■以目前中美台三方的關係而言，美國不可能賣我方最先進的攻擊武器。只會賣三流武器。因為美國也擔心武器機密外洩，所以我們不用買。

■在三流武器沒有辦法絕對抑制中國的情況下，中國出兵的可能性大增。因為假設在中國手上是二流武器，靠一個戰爭可以證明很多利好的事情。所以三流的武器通常只能引戰不能止戰。

■另外，目前人類精華的暗黑集團已經研發出最先進的三流武器，譬如用便宜的老 F16 改裝版，其目的在於戰爭時禦而不勝，就像健保藥一樣，讓人死不了又治不好，可以將戰爭的時間拉長十倍以上的聰明武器……賣給滿滿的台灣價值的政客真是完美生意……

台灣最好的方法：

- 盡可能不買武器，但歡迎美日駐軍，台灣支付駐軍費用。
- 如果要買就只買有絕對嚇阻能力的一流攻擊性武器。不用買太多，以訓練為主用。
- 如果中國攻台，兩岸要一戰，必須要求美國將戰線目標拉到對岸，最好兩岸劃江而治，人民可隨意換國籍以選擇自己適合跟喜愛的政府，彼此良性和平競爭，中國人何其有幸哉！必須讓中共認知：一但開戰，不是僅收復台灣與否，而是必須冒丟掉一半或全部江山的風險！

如果兩岸的國家實力極度不對等，即使這一次僥倖打贏，也還有下一次被打的可能性，所以如果兩岸開戰，一定要要求美方直接殺到讓兩岸至少隔江而治，這樣才能確保未來的和平。就像東西德、南北韓。

台灣要從強項去拼，武力絕對是台灣的弱項。趕快傾全力多生幾個台積電比較實在。

問：誰說非尖端武器沒用？烏克蘭何以靠擋住俄國第一波攻擊，撐到歐盟、美國乃至全世界的援助加入？歡迎美日駐軍我可認同，但光只想靠美日駐軍，那南越跟阿富汗就是你的榜樣……還有臺灣讓民進黨執政好不好我是不知道，但我知道臺灣如果讓國民黨這個敗家仔或是郭董柯P這些沒信念的牆頭草執政那絕對會死很慘，若是張忠謀出馬我還能支持……挑來挑去只剩民進黨堪用我也很幹，但這就是現實……

答：**臺灣要學科威特，不要學烏克蘭。用反守為攻的代價，才可能扼止對方的野心。**

如上述：世界的戰爭支持度可以到隔江而治，才值得這場戰爭。台灣現在的處境就是因為國力太懸殊，今天打勝仗，不代表明天不會被血洗。

台灣的防禦武器早就夠了，因為根本不能以防禦為主，所以根本不能再買。美國打的算盤是半導體的逃命通道，現在戰爭變成利好美國，所以必定發生。

目前的劇本就是，一開始引發小規模戰爭，然後讓台灣的全體半導體產業跟人才，按著這個通道移民至美國。

然後其他的賤民留在台灣一直跟老共對打，直到消耗完中國臺灣對美國的國債為止。

問：小國要用武力對抗大國只有一選項：核武！（北韓是聰明的）

答：核武對中國沒有用，因為核武死的是百姓不是軍隊。

美國才會怕百姓死，所以怕核武。中國根本不怕。

中國怕的是內亂，軍隊叛亂。我們要保證讓這件事情發生就有勝算。而這種情況只有在攻勢才有可能發生，在守勢不可能發生。

共產黨才1億人，如果你有13億民兵加入，你怕什麼？

問：美日都是DS，讓美日駐軍等於是引狼入室，絕對不可以！台灣保持中立！

答：反之DS的計劃就是我們蔡總統執行中的半導體戰爭通路這一套。引戰讓半導體產業人才移美。留台灣一般百姓打台灣內部戰爭進一步消滅台灣人口。

兩岸會打的原因，是因為實力太懸殊。

最棒的選擇，就是讓世界支持我們的戰爭資源支持到可以造成兩岸實力絕對均衡，永無後患，那就值得一戰。現在對美的外交國防政策必須要到達這個強度！

其次，也是不得已的選項，就是直接投降。這個選項叫做「對全世界比中共更邪惡的不公義做報復。」國際上要說台灣用自身資源恐嚇歐美也是可以！

以台灣目前手上的籌碼，此時不做，更待何時！
最差就是現在政府拙劣的談判狀況，模仿烏克蘭！
直接讓全台灣的國民作亡魂，生靈塗炭，草木不生。
兩岸要和平，需要的是均勢，戰爭的代價夠大才足以終止戰爭。

對中國要讓他衡量：至少隔江而治，甚至失去政權的代價。

對美國則是：如果開戰，必須以反攻大陸為目標，拒絕讓台灣當純炮灰。

華盛頓郵報報導：根據外洩的五角大廈評估，台灣非常容易遭到中國空襲。專家指出，台灣必須支撐夠久，讓美國能夠派遣足夠武力到戰場。

華盛頓郵報（The Washington Post）獨家報導，五角大廈評估包括令人不安的細節，內容是關於台灣抵禦戰爭的能力。據評估，台灣不太可能在兩岸衝突中抵擋中國軍方的空優，中國民船軍用等策略，削弱了美國情報機構發現入侵即將發生的能力。上述評估指出，台灣官員懷疑國內防空系統能否「準確偵測飛彈發射」，台灣只有略過半數飛機具有完全執行任務的能力，將這些飛機移至躲避處至少需要一週，在台灣有機會疏散那些飛機前，如果中國發射飛彈，這將是一大問題。

這些提及潛在衝突的機密文件指出，與俄羅斯在烏克蘭的行動相較，中國空軍將更有機會建立早期制空權。台灣政府相信，這項戰略構成中國的攻擊基礎。

這些外流機密文件3月或更早之前就被上傳至一個社群媒體網站上，但直到上週才傳開。美方除了持續尋找洩密者，也在評估和降低情報外洩造成的損害。

美國聯邦調查局（FBI）已經以涉嫌把機密文件外流上網為由，逮捕21歲空軍國民兵（Air National Guard）成員泰謝拉（Jack Teixeira）。

其中一項評估提及，中國人民解放軍的現代化、作戰節奏加快，以及在靠近台灣的東部戰區使用民船演習，正在「削弱」美國情報圈發現異常活動及「攻台」準備的能力。

另一項評估聚焦台灣軍民的備戰。據評估，台灣目前對每個目標發射兩枚防空飛彈的準則「將在人民解放軍的大量武力下應對乏力」。

此外，五角大廈分析師也提及，台灣防空演習很大程度是照本宣科，不足以讓民政當局及公眾為「真實世界事件」做好準備。

這些文件雖未全面分析中國的能力及台灣的弱點，但都點出台灣整體備戰情況面臨的嚴峻形勢。這些文件也向政策制定者發出警訊指出，即使中國的意圖變得更難預測，其侵略性卻變得更加激烈。

美國參謀首長聯席會議發言人對此不予置評。台灣國防部在聲明中表示「尊重外界對其軍事準備的意見」，台灣防禦系統是「根據敵人威脅精心構建」。

國防部還指稱，台灣對最近中國軍事演習的因應，顯示官員們在確保安全方面「絕對有能力、有決心和有信心」。

根據其中一份外洩的評估，事實上，由於登陸部隊耗油量大，提供汽油的選擇有限，中國發動兩棲攻擊的能力將受阻。這份評估提及，這將使共軍在台灣難以站穩腳跟，為美國和台灣創造在早期階段阻止入侵的機會。

據評估，關於中國補充燃料的問題，奪下台北港將是最佳選擇。雙方都將面臨挑戰：解放軍未演練奪港行動。台灣則沒有破壞這種企圖的計畫。

儘管攻打台灣對中國而言非常困難，但美國國防部情報分析人員發現台灣政府的計畫存在一些瑕疵。

其中一項隱憂是台灣官員可能會在衝突初期保留防空系統以備後用。但獨立分析人士認為，這種保留作法有問題，因為中國在鎖定台灣的打擊範圍內有近 40 座空軍基地。

新美國安全中心（Center for a New American Security）兼任資深研究員許卡特（Thomas Shugart）說，這些基地中，許多都有加固掩體以降低武器造成的破壞，且許多掩體都被掩蔽起來，使衛星難以偵測到軍機停放地點。

許卡特指出，解放軍於過去 10 年間，在以台灣為中心的 600 英里範圍內建造 800 多座有掩蔽的軍機掩體。

參謀首長聯席會議情報部門準備的評估指出，台灣防空部隊缺乏「共同作戰圖像」（common operating picture），意即無法在特定時間查看所有部隊的位置，而且也缺乏相容的安全無線電。

其中一份文件委婉批評，台灣的防空指揮官「可能會因為害怕情勢升級而猶豫是否要跟有飛行員駕駛的軍機交戰，即便有先發制敵的命令或迫在眉睫的空中威脅」。

前空軍副司令張延廷解釋說：「我們不能開第一槍，我們不許在被打之前出拳。任何緊急情況下，我方都會嚴格約束，因為我們對自己設下關於何時因應的高度嚴格限制。」

外洩的文件還顯示，台灣將於2024年擴大空軍招募規模，這是把義務役4個月軍事訓練延長至1年的廣泛戰備改革一環，但如果不解決幾項問題，「不太可能顯著提高」其防空效能。

美國國防部的評估還警告，中國在台灣周邊加強軍事活動，正削弱美國情報體系準確追查何謂正常情況與何謂情勢升級的能力，進而提升發生事故及誤判的風險。

專家同意，若要防禦台灣，距離是一項重要的複雜因素。

美國史丹佛大學（Stanford University）弗利曼斯伯格里國際研究所（Freeman Spogli Institute for International Studies）暨美國企業研究所（American Enterprise Institute）研究員梅惠琳（Oriana Skylar Mastro）表示：「我們無法迅速抵達那裡。」

「基本上會是由潛艦和美國軍機從日本西南部的島嶼出發執行任務，最終由菲律賓北部的基地出任務。如果中國摧毀這些基地，美國就沒有太多選項。」

梅惠琳還指出，與烏克蘭不同的是，「若缺乏美國直接軍事干預，台灣在任何情況下都無法自行抵禦侵略」。「台灣必須支撐夠久，讓美國能夠派遣足夠武力到戰場。」

暗黑評論：這應是賣武器的人給的文章！

台灣要不然就直接投降，要不然就要跟美國談好一旦對岸攻擊開戰就要直達長江至少跟老共劃江而治。

這樣的立場才有可能造成對雙方的壓力與嚇阻力！台灣中國之間實力不平衡，永遠在未來的不知道什麼時候就是會被血洗。一點都不會跟外國人 Bargain 談條件做生意怎麼能總統？

在中美兩國彼此之間的兵棋推演當中，台灣的角色都是一樣的，也就是犧牲者的角色。所以我們盡可能地要在這個犧牲當中爭取到我們最大的利益，不一定會成，但是也要努力。

轉臉友發文：美日軍會使出孫子兵法的「隔岸觀火」，而且他們也不可能等台灣彈盡援絕後接力槓上中共，因為不管經濟、政治都討不到好處，國際主權上也站不住腳，環太平洋軍演美國可是沒邀請台灣加入，既然結果大家都能知道，就欣然面對吧！不是整天搞認知作戰，再污衊正常說出實情的台灣人在搞認知作戰。

以下為原文完整轉貼：

已退伍的優秀空軍飛行員，內容是他在職時與法國空軍飛行員的對話，提供大家參考：

又有重大國際事件激起大家難得的關注。俄烏衝突在台灣引起如此重視，很大一部分是身處類似情況的自我投射。而台灣人關注的焦點，幾乎都在美國及北約至今仍僅用外交語言、空洞無力的威脅和不痛不癢的軟弱制裁，始終不願與俄羅斯發生直接軍事對抗。因為這就觸碰到許多人內心深處非常脆弱又敏感的議題：「如果台海發生軍事衝突，美日軍會不會直接介入？」

我不想對這麼複雜、太多主觀假設性條件和政治敏感性的議題表達意見。僅就最務實、最真實層面的親身經驗做一些分享。

照例，如果想看那些帶有既定立場、偏好或意識型態、一廂情願的幻想、義和團式軍盲國際政治盲的論述，那就慢走不送……

我在幻象機隊飛兩機領隊訓練時，大部份架次都是當時法籍飛行教官帶我飛的，在教學期間也分享許多北約或與盟國執行聯合任務的概念與經驗。

在我完訓取得兩機領隊資格後，有一次私下輕鬆聊天的場合，這位法籍教官語重心長地跟我說了一大段話。他說：

「Doug（我個人飛行呼號），你現在是領隊了，在戰場上就要指揮你帶的編隊作戰。」

「你們國家最大的可能軍事威脅就是大陸，美日在政治上算是盟友，軍事上會不會直接介入是政客們的事情，以身為戰鬥機飛行員的角色來說，有幾個殘酷的現實要認清。」

「萬一台灣跟大陸發生戰事，我知道很多台灣人都〝認為〞，或是〝希望〞美日軍會介入參戰。但你們有做好任何跟美日軍聯合作戰的準備嗎？或是更直接地說，就行動層面上，你覺得美日有打算跟你們一起作戰嗎？」

「這不是派幾個觀察團、顧問團、或是幾個官員來訪表態就能解決的事情。而是第一線作戰人員有沒有準備好的事情。」

「你們海空軍作戰載具的指揮管制權有沒有跟美日軍的交接和支援機制？是 JAOC 管還是交給美日軍的 AWACS 管？」

「有沒有通用的溝通協定？有沒有跟美日軍的敵我識別協定？」

「戰場管理經營有沒有在同一個平台上？雷達、電戰、無線電等作戰時用的波段、頻段頻譜有沒有協調？美軍的資料鏈 Link 會不會讓你們加入？」

「你們和美日軍的 ROE（接戰規定）有沒有溝通，或是至少在戰時能否溝通？」

「這些基本聯合作戰的框架不可能平常沒聯繫沒訓練，一到戰時通通都蹦出來然後還能順利運作！」

「這些都沒有的情況下，加上你們和共軍的母語相同，講英文的口音也類似，美日的海空軍人員在作戰時能聽的出來嗎?能辨認出敵我嗎?」

「多國聯合作戰最常發生的悲劇就是fratricide(友軍誤擊)。二次海灣戰爭時，美軍F-15曾經誤擊英軍的”美製”黑鷹直升機，而且還是在AWACS引導去目視辯證後宣告為Hostile(敵機)擊落!」

「Doug，你們有很不錯的武器裝備，也有優秀又專業的飛行員，我相信其他軍種也是有不少認真盡責的作戰人員，你們國家也花了許多的資源在國防建設上。」

「但坦白說，如果我是美日軍的任務規劃人員或是戰場指揮官，我的選擇很有限。」

「1.等你們的海空軍載具跟老共的消耗的差不多了，已經沒有什麼你們的載具在戰場上時，直接Take Over接管戰場。」

「2.一開始就叫你們的飛機不要起飛躲在東部洞庫，或是直接轉降撤退到琉球的美軍基地，美日軍直接壓上去戰場，你們只負責提供後勤支援。」

「不這樣做的話，你們和美日軍之間的友軍誤擊會高到難以想像、不可承受。」

「對不起，這話或許不中聽，但就是事實，我認為現階段美日軍沒有打算與你們進行聯合作戰，很大概率不會第一時間直接投入戰場…」

其實我很感謝我這老法朋友願意跟我分享他的想法，這與任何政治理想、立場無關，就是一位有多國聯合任務經驗的資深專業戰鬥人員的觀察。

非常真切的老話，適用於個人當然也適用於國家：

「不要只聽他說了什麼，要看他實際上做了什麼」

在中美兩國彼此之間的兵棋推演當中，台灣的角色都是一樣的，也就是犧牲者的角色。所以我們盡可能地要在這個犧牲當中爭取到我們最大的利益，不一定會成，但是也要努力。

兩岸和平的基礎在於共同的良政—良政統合良政合一

關於兩岸百年和平的內容實質建議：

兩岸分治幾十年，各自有不同的制度，然而改革開放後兩岸互相的交流，也激蕩出巨大的能量，不僅為兩岸人民的幸福更上層樓，也對這個世界與人類產生出貢獻。

在雨露均霑的兩岸政策下，卻在民族主義的大一統旗幟底下產生許多不必要的紛爭，甚至戰備的提高，為此兩方政府付出許多不需要的代價，對兩岸與人民的實質資產也是一種巨大消耗。一旦戰爭開始，更是讓兩岸進入仇恨分離，幾代無休止的惡夢。兩岸政府必須要首先放下民族的紛爭，超越民族認同的歧見，不論是台灣人或中國人，以良善的世界公民為終極目標一起努力。

如果按目前兩岸人民的幸福來思考，真正的問題，在於兩岸政府施政上的差距，如果雙方政府的施政差距越少，人民對兩岸政府的實質差異感受，就會降低，在未來不管統一或者不統一，其阻礙就會降低，其統一的必要性，也會遠在使用武力的水平線下。

我們呼籲台灣政府將台灣的良政，勇敢的介紹給對方政府，一方面對於較中央集權管理的政府之效率與優點也可以參考其價值，兩岸在良性競合的角度政策上逐漸自然統合為一。

雖然目前對岸中國幅員廣闊，民族文化的差異性更大，對於某些政策的緊縮有其必要，然而對於有些顯而易見可以同時施行的良政，需要更放開心胸來試行。兩岸此時獨特的政治氛圍，一以開放，一以保守，不同觀念的衝撞試行，理應可以產生更燦爛的火花，不僅造福兩岸，更可以對人類世界有重大貢獻。

族群融合是當前臺灣最重要的使命

遷臺外省族群從第一代第二代第三代，結合本土文化，在臺灣這個地方，以人類歷史上最集中，最多元的族群交流下創造了最豐富多彩的臺灣文化與藝術高度。

雖然在歷史的進階過程中，這融合有許多不得已的傷痛，所幸的是，在上帝的憐憫下，依然有許多原本的咒詛傷痛轉成另一種祝福。

包括使用共同的語言，請謹記聖經有言：變亂語言，是上帝的咒詛！

我們好不容易付出代價，統一了彼此的溝通方式，甚至是目前人類主要人口族群的『中文』的溝通方式，這是實質的利多，為了任何理由再去切割溝通，都是沒有智慧的做法。從學習外國語言所花費的時間金錢代價即可知，回歸變亂語言的不實際，學習母語應基於個人對本族情感上的愛，政府被動支援即可。

目前有很多本省籍人士，試圖從民族的血緣文化去做切割，但事實上這些切割，都不是台灣真實的現狀。

不管從前歷史如何，台灣目前的狀況就是兩岸族群血緣的共同融合，這就是真實的現況，在這個情況試圖去切割，必定就是無止境的傷害，可說必定是骨肉分拆分離的重傷害，而這個傷害並不是目前台灣可以承擔的。

不管從私人情感的角度，或者甚至從國際政治，國防的利益角度來計算，這個新融合都是具重大的意義跟價值，台灣不應該因小失大。

許多殷實善良的外省族群，並沒有在威權時代享受特權，卻承擔所有原罪的，也要同時離開有重重歷史包袱的傳統黨派，結合「仇恨值低」的原本省族群，重新再找個地方結合起來。

我們期待這個結合，能在未來創生更多元豐富的新臺灣文化與社會能量，再造奇蹟。

轉貼臉書文1

致泛藍統派：

千方百計消滅中華民國的最大敵人並不在島內……

那些想脱掉中華民國外衣的人，其實只是單純為了避掉成為槍靶子……

如果你真的愛中華民國，就學你們的于北辰將軍對中華民國最大的敵人開槍。

如果不是你就只是愛錢，愛權力，

致獨派：

即使脱掉衣服，想槍斃你的人還是會開槍。

臺灣人怕死只會溜。然後期待有美國隊長來救……

溜只會讓子彈從背後打進來……

美國隊長來救的，是你口袋中的錢，不是你的命。

其實臺灣自己最強大的武器是三民主義，這是對手也一起在用力協助打造的武器……

除了自有武器，對手也送不少武器過來：

中國人的內政容不得外人指指點點，
但我們也是中國人，所以可以用力指點。
一國兩制：太棒了，除了臺灣地區，爭取長江以南都比照辦理。

問十四億同胞同不同意

趕快公開投票問大陸十四億同胞誰要加入中華民國，贊成的省份都過來，喜歡中共的臺灣人也要換過去……美國給的飛彈，打不到上海北京，我們手上有的對岸給的最好的武器，可以打到每一個角落……臺灣人求獨得統，求統得獨，不要忘本，謹記得你們臺獨的國父元老精神領袖是毛澤東…

節錄臉書文2

我是雲林鄉下北港出生的孩子，我的祖父，曾祖父，是北港當地士紳，在定義上我是台灣人，本省人。

但是有一天我到廈門旅遊，遇見一位朋友，我發現他的口音，慣用語，甚至罵人的話，俗俚語，跟我們北港的當地話一模一樣分毫不差。這時候的我已經完全不會懷疑兩岸所謂血緣的關係；即使後來有很多試圖從學術上遺傳上證據去分割兩岸，那只是學術上被政治利用的工具。

但是為什麼台灣人一直要切割這份情感？原因是因為台灣人對於政權與生活方式的選擇。因為對於對岸政權的擔心，所以一直在找尋各種理由來切割彼此的關係。**這部分其實有好也有壞。**

好的部分來說在台灣的人得到更多的保護，壞的部分來說；在台灣有很多人心的隱惡，不公義的社會因子，沒有辦法很快地被修正。一些在台灣明顯作弊，逃稅，違法不公平的事情，在民主的保護之下，檢警司法喪失功能大家習以為常；而且還潛意識下認為這是民主的好處。個人認為兩岸不管分不管和，第一件事情就是要利用兩方不同的制度，互相學習減低執政上的差距。第二件事情，要把大陸目前傷害台灣人民情感的事情降到最低。兩個原本分開走不同路的人要合在一起，首先要考慮的是對方的尊重與安全感。

目前兩岸政府民間的行為都是在產生彼此的惡意，是在走一條戰爭的道路。

如果兩岸要避免戰爭，就是要將兩岸政權的優點互相交換學習，越多共同的施政與法律上的相同解釋，就越讓雙方的融合越容易。目前中國的統治是完全以力量為最重要考慮基礎，在思維的高度有限不知道怎麼處理的時候只能使用這個工具。但是如果給予更好的全面的思維方式可以解決目前的問題的時候，使用武力暴力等統治方式，相對還是會減少。因為武力本身是昂貴的，也是傷害的。既使外表看起來最暴力的政權，他採取暴力的原因通常不是因為喜歡暴力，而是不知道該怎麼做。

這個思維高度，臺灣自由的環境可以提供的試算。相反地中國大陸的獨立自主，主流式思考，也是台灣人應該學習的部分。兩岸並非沒有和平的方程式，只是這個方程式大家還不理解。

節錄臉書文3

統一台灣，何其簡單！再談兩岸政策：良政一同，競優統和。所謂和，是可以在統獨思考以上，因為共同良政，不管統或獨，都不是關鍵。如果你一心求獨，應該以理性與愛心訴諸中國大多數民眾的認可，用制度上的優越性説服對方，用實際的優越的表現讓對方認可，所以反求諸己，先擱置爭議。只有台灣比中國更好，才能説服中國人同意保留台灣這個制度，讓大陸來逐漸學習，逐漸改善。

臺獨派與其一天到晚罵中國人，不如大力協助那些異議人士，民主人士，厚植台灣在中國的人脈人心，增加自身的對話條件及力量。如果一心求統，那應該透過自己的兩岸關係影響自己在中國的朋友，讓他們不要再用外交手段強力的干預，孤立台灣的方式，大力的推動台獨。

中共應該以尊重的善意獲得台灣人民的信任，而且更要大力的提升中國大陸自身的人權與法治水準，讓大陸成為比美國更值得台灣人移民的地方，這樣相信願意統一的台灣人才會大幅提高。

在這裡免費送給中國不費吹灰之力，可以統一臺灣，甚至征服世界的最佳方案。就是讓中國人民成為全世界最幸福的人民，讓台灣人拼了命排隊送錢也要變成中國人，而不是一直文攻武嚇來變相鼓勵臺獨。

台灣也可以提出統一條件，就是讓全體中國大陸的全體民眾可以自由選擇自己喜歡的政權，如果人數超過一半以上，就讓台灣與中共劃長江而分治。或者是由沿海已高度開發省份開始使用台灣一模一樣的民主制度，事先預備兩岸未來的磨合，降低台灣的擔心，這樣子慢慢台灣對美國武力的需求就會降低，中國就不用害怕外國勢力會介入中國。

國際間任何談出來的有關和平戰爭的條件，和平協議，幾乎全部都是暫時的欺敵手段，完全沒有任何可信度。這不是哪個國家的問題，從歷史上來看全部都是這樣，每一個和平協議都是為了下一個戰爭而簽訂的。所以任何期待用簽訂協議的做法，都是自己捆綁自己的手腳，把自己直接送到砧板上，好比烏克蘭放棄核武一樣的結果。如果把自己內政搞好，中國又沒有禁止台灣人轉身分，如果台灣人前仆後繼地超過一半以上轉身份成為中國人，不就等於直接統一了？**中國要統一台灣，何其簡單！**

Chapter 7

台灣現有外貿為主的經濟結構，如何實質影響台灣內需經濟運作。

第七課 — 真正的商道，也包含避開搶小老百姓糊口的生意

From 網友林錦泉

除了臺積電，台灣目前有超過 20 個以上的世界冠軍的企業，但是為什麼臺灣的一般基層百姓的生活為什麼那麼辛苦？

錢到哪裏去了？

■ 政府年度預算約有將近 1/5 在軍公教退休金。這個比例有點失衡。但是這還不是最重要的原因。

■ 最重要的原因是：匯率偏低，但貨幣投放太集中財團，然後用利用房地產，還有財團壟斷事業套回銀行。

13A 總裁，一將功成萬骨枯。

台灣人基層信用不良的情況非常嚴重。萬泰銀行 Jorge and Mary 信用卡倒帳上百億，八十多萬人信用不良，而這僅是一家銀行！董事長許勝發含淚賣精心打造如宮殿的公司，編者還曾去過他公司幫他找金主幫他賣房子。

當初政府用利差 5% 的預算來造福軍公教，因為當初利率是 13%，當利率下降的時候，執行人員一念之貪沒有跟著下調，就形成這樣的局面，全國的預算被排擠流入這個軍公教。

其實解決的方法很簡單，就是用定額，讓軍公教的退休金完全不必減少。因為台灣本就必須超發貨幣以沖銷從前盯緊美元的換匯。但是對於其他的國民更需要設法大量加發貨幣，以作平衡。

最好的方法，就是利用房地產住家，商用不動產，以平均地權的角度與實施做法運用貨幣，來逆轉調整社會的金流。

而且可能需要一陣子零利率，甚至負利率。直到整個社會的地權被均分出去。這個實際的數字可從國民經濟貢獻度與社會實質公義的分析來算出來。而且也可以逐漸調整，並不是完全不能動。

要鼓勵擁有巨量貨幣者，在房地產之外的領域，盡可能把貨幣釋放到社會，而且是從基層，譬如鼓勵創投。

Starbucks 可以連續虧損 10 幾年，直到社會的行為改變。他就成功地呑噬了社會的部分財富。

所以目前台灣政府對於中小企業的放款，必須學習大陸，當初我們台巴子到大陸去怎麼被大陸人財力嚇到的，今天政府就必須用同樣的規模來支持中小企業。

因為當初拿到巨量貨幣的大陸人，幾乎每個都是從一無所有開始的，而且每一個人經營企業的能力可能都輸給台灣中小企業老闆，他們當時幾乎完全不懂狀況下瞎猜瞎蒙的亂定價，訂商業規則。在不斷地嘗試積極學習政府大膽給予巨量貨幣給他們練習之後。他們成長了，甚至超越台灣了。或許我的舉例為了理解而略顯誇張，但距事實並不很遠，事實上，目前大陸許多還為了許多假設性的不合理運作成本如租金而傷腦筋。

再者，必須禁止壟斷型財團企業以純經濟規模無創意的去侵襲微型企業，譬如 7/11 怎麼可以去賣即時熟食小吃？因為其熟食小吃的供應鏈，極其不合理。

熟食供應鏈當中有很多的浪費資源，因為是大型通路，必須集中到中心再發散到各地，這當中有非常多不合理處，包括運送時間，保存等。其商業成功的道理，是在於能夠讓微薄利潤的小吃攤損益跌到成本以下，再利用人的生活習慣方便性去搶佔生意。

認真比較過，7/11 取而代之的小吃攤，不論蛋白質的品質，跟維生素的品質，甚至澱粉熱量在同價錢的小吃商家相比都是更低。

也就是財團運用一些商業上的權勢，取代了良好的服務，提供社會更差的服務。

這就是政府要做的事情，當社會出現文明倒退的逆向工程的時候，政府必須要能夠有敏感度感受到不合理，然後想辦法立法去阻止。

如果今天他以更便宜的價錢更好的質量勝過了一般小吃攤，那作為政府裁決他可以去做這樣的事情也就算了，畢竟這樣的商業模式算是多少有向社會加分。

但是以這個為例子來講，並不是這樣子，熟食透過中央系統來配送，徒增很多碳排，如果最後他提供的服務是比之前的系統更差的服務，這樣子以政府的角度是不可以容許的。

這是一種另一種形式的財團霸權壟斷。如果政府認為黑道不能以武力優勢為所欲為，政府也不應容許財團這樣以大欺小。

財團可以透過這些方法，把社會的金流集中在自己身上，然後再透過房地產租金更高去排斥其他的通路，建立新的壟斷公式。這些都是固定的可推算數學公式，而且其後果絕對不會是自然可逆的。

如果你沒有從源頭去理解，法律去設定，就算悟空再世七十二變也不可能跳脫這種資本不公義壟斷的事情。

問：一般老百姓生活辛苦這件事情，你的資料來源是什麼？統計？還是憑感覺？

答：巴菲特說需要用計算機的生意都不是好生意，有些東西已經明顯到不需要統計，而政府必須超過統計敏感度，不是等民眾哀鴻遍野時才反應過來。

像台灣的貧富不均，跟疫苗到底能不能打都是一樣的，不需要統計！隨便看一下身邊的狀況，只要對周圍的人有同理心，就可以知道發生什麼事。

答臉友提問匯率問題：相信也是很多人的問題，很重要也很學術。

■經濟學最詭異的地方，就是常常會逃避去談論用更高層次的絕對邏輯去推算事件的真相。

從來沒有人去提到以外幣轉成本國貨幣時，這時候本國貨幣在沒有物理數學增減基礎的情況下突然大增，其實這就是名副其實，實質的「通貨膨脹」。

將整個社會視為一個封閉系統，美金給央行，央行自己收袋保暖，就給你台幣，這有點像是「獎勵金」。

整個國家社會以外銷為主，然後又被財團兼併成極少數人以後，台灣的貨幣跟財富就如海嘯般傾斜過去了，

我們現在在討論的就是實質已發生的通貨膨脹現象，而不是未來未發生的事情。而現在基層百姓的悲哀，就是已經在承受的通貨膨脹。房價通膨了，而你的口袋瘦了。

土地等生存空間在經濟學裡面是一個奇特的存在，它如同一個守在必經之路的惡霸，除非未來人類行動都可漂浮在半空中不用落地，否則社會賺多少錢最後都可以把它拿走。這幾層邏輯相扣，就形成了現在的吃人社會。這種因生存空間造成的逼迫壓力，不只在升斗小民身上，即使身為富豪也會感受到只要稍不努力，身邊的空間生存壓迫也會不斷襲來。你不動別人動，很快財富又洗盤。這個魔咒，除非政府以非常作為，也就是平均地權來處理，否則永無止境。

上面已經有寫出來，通常外銷換成的超額貨幣通常是貸給財團，所以這裡提出對策就是利用平均地權，將這個貨幣做一個最保守的反向運用。將地權平均分配給每個百姓，這時候使用貨幣的就是社會上實際的生產者，就是這些繳租金買不起房子的上班族。也就是直接利用貨幣與房地產的特性做一次平均的財富分配，讓原本屬於財團的工具還給百姓。請注意：**這個貨幣並非無償，只是借用，但按其社會平均生產力來分配貨幣代表的固定財富**。

提到租金轉換成所有權的問題，按現在的高房價，假設 10 年可擁有房子為合理，租金轉換成所有權的比例該是多少？

這時候就涉及利息的問題了。用數學算一下，就知道，按目前的利率算起來，1%可能還太高。如果整個國家要先以大多數百姓的存活為優先的時候，這個比例該是多少？

另外，一般來說上市櫃公司，特別是重點科技業，承蒙政府之偏愛，得到社會廣泛資源之挹注。通常在該產業的條例裡面會得到很多額外的政府補助，這裡面任何一條補助分成1000份，都可以創造很多小富商。

上市櫃公司目前已經完全變質，目前賺錢達到上市的功能之後，理論上應該要歸還投資人而下市換人上場。

現況卻是以其受補助後之獲利到處投資，左右手互換，並用訊息操作股票截取更多的社會資源，這個對社會的害處跟黑道詐騙集團完全沒有兩樣，甚至有甚之，政府跟學者看到這些現象，只是見獵心喜的插進一角分贓，有誰針對這件事情不公義來做檢討？

誰說一定要課5%加值營業稅？

台灣的經濟結構，出口占GDP比重7成，相對於經濟競爭對手韓國的5成，以及中國逾2成，在疫情期間中美貿易戰的轉單效應下，台灣經濟成長率暴漲，110年創造經濟成長率6.53%的佳績。民國110年各稅比重，營所稅、綜所稅各占24.4%、18.4%，合計占總稅收比重42.8%，較民國109年上升1.9個百分點；營業稅占17.4%居次，下降0.8個百分點。

所以台灣的稅基，營業所得稅佔24%其中出口商跟內需產業的比例假設為7：3，則外銷產業全體總稅率為16.8%內需產業則其中有17%是靠剩下三成的內銷企業的加值營業稅，再加上所得稅7.2%以17%+7.2%=24.2%，得到內需產業的全體總稅率為24.2%意思就是佔3成的臺灣企業，負擔比佔7成的外銷企業多。

以GDP佔比為商數計算：24.2/3除以16.8/7得到等單位內銷產業比外銷產業負稅居然重達3.36倍的比例！如果按內外銷人口各自比例數來除，以一個人為單位來計算，這個分配不均還可能更恐怖！

如果看過之前貨幣理論就知道原來台灣就是搶內銷的錢去補外銷的錢。然後去做賠本生意，這不是賣臺是什麼？所以這是為什麼所有經濟成長的數值完全沒有意義的原因。

國外之所以有加值營業稅，因為他們的外銷佔比經濟並不大。而且他們的福利遠高於台灣。而台灣匯率已經利好外銷，稅金又利好外銷，國家政策補助再利好外銷，所以台灣這個數學公式算就知道貧富不均怎麼回事了。按台灣這樣的經濟結構，該課稅的是外銷，營業稅反而應該往全免調整。如果加值營業稅只課 1.5% 稅，外銷只要扣 1.5% 的稅，就可以完全彌補過來。

微型企業應可營業稅全免。因為 75% 以上的所得稅都是由 1% 的財團企業；大部分是上上市上櫃公司繳納，而其餘 99% 均分其餘 25% 內銷利潤，可見按比例而言，微型企業完全免營業稅，對政府的影響並不大，但是對於已經極度失去平衡的經濟結構而言，是必要的強化措施。

香港完全沒有營業稅，香港的經濟又如何？可見一個國家未必需要收加值營業稅！

有一個好笑的媒體，他是這樣寫的

一份資料揭示了104、105年課稅所得額「超過1億元」與「低於100萬元」之營利事業家數與應納稅額占比。數據顯示，所得超過1億元的企業約有2，400家，占整體比例不到1%，而貢獻了約75%的稅收；而所得低於100萬元的營利事業約73萬家，占整體比例高達85%，但僅繳納3.5%稅收。因此，營所稅統計顯示出與綜所稅相同的問題——稅收過度集中。

這個媒體的意思就是說窮人繳得稅太少，稅金都集中在少數1%的財團公司繳納的不公平的意思，這證明之前說的：媒體的分析能力實在是不足。

這個數字的解讀，應該要解讀成，台灣的內銷經濟收入，所得已過分集中在財團，也就是這個不到1%的公司。所以為什麼臺灣會有幾百萬的人信用不良，情況就很明顯了……

這個1比99的比例是變態而失敗的，而設計遊戲規則，制定相關法律的政府與國內經濟學者的失能難辭其咎！不但代表相關人士的無知，更代表其冷血！

不要再對這99%的微型企業主罵慣老闆了，實際的經濟數據已充分證明，他們才是目前整個社會上甚至包括勞工在內最弱勢，最被虧待的一群人！而這群人的成功機率，代表社會上脫貧致富的機率，也是社會新創事業的成功機率。今天雖然是他，明天可能是你。因為未來人工智慧時代，勞工會更少，將有很多人會被迫創業！

我們的政府公務員在哪裡？我們的民意代表在哪裡？我們的學者在哪裡？我們的總統在哪裡？各位讀者不覺得他們其實他們就是現今社會存在 UBI 無貢獻而有無條件基本收入的人嗎？

不要懷疑，只有自己學習如何當總統，你才不會理所當然的，在上述社會菁英的遊戲規則裡面不小心一點一滴變成乞丐……

郭台銘可以，但你不可以

有多年辦理商演、展場、尾牙的老手陳姓女子，前年網羅《原子少年》藍弟等舞蹈高手，創辦「貝殼藝能有限公司」，不幸公司營運1年就破產倒閉，陳女甚至得賣帳戶給詐騙集團賺取生活費，結果遭藍弟和合夥人提告偽造印文、詐欺多項罪名，陳女卻在案件偵辦期間，疑被債務壓垮而墜樓身亡，讓辦案人員感到「不勝唏噓」，台北地檢署12日依法處分不起訴。原文網址：開公司培訓藝人破產欠債挨告商演女強人墜樓亡！檢警也感嘆|ETtoday 社會新聞|ETtoday 新聞雲 https：//www.ettoday.net/news/20230412/2477551.htm#ixzz7zBs3M3cE Follow us：@ETtodaytw on Twitter | ETtoday on Facebook

全台灣最可憐的一個族群，絕對不是勞工，而是微型企業的老闆。

在勞工意識高漲的今天，所有的勞動基準法，他對於在公司員工的任職存在有絕對讓企業主虧錢的破洞方程式，也就是說企業主在已負擔整個企業經營架構的成本之餘，單一員工個人在企業裡面的支出成本與工作利益，還可能是負值，而且這個負值，是在政府的法令保護之下！

但是為什麼其他的大企業不會擔心這些勞工問題？

因為大企業可以利用本身的權勢，以心理暗示的「溫柔警告」去讓員工處於一定的對公司正數貢獻的狀態。不管法律怎麼規定，員工為了要留在公司裡面，他一定會做至超越勞基法的規定。

但是會到微型企業任職的員工，相對可能普遍已經比大公司的員工生產力相對低（少數能力超強的員工會故意待在微型企業。因為他們能力太強會被排斥，反而在大公司不好發展。但是這是極少數的例外的），然後如果這些員工，又利用這些對微型企業主不公平的條款來佔便宜，這樣微型企業主成功的機率就會大幅下降。

所以其實台灣為什麼從上所述內需企業為什麼只有 1% 的大企業擁有 75% 的獲利，其他 99% 的小企業根本都非常難生存。

因為大公司實質上，必定可以超越勞基法的規定來從單一員工身上獲取以個人為計算單位的經營損益。

但是微型企業，卻會在這個必虧損方程式中掙扎非常久，直到他成為那個1%……可能一般的人認為這樣的失敗跟自己沒有任何關係，其實這個人的失敗，表示台灣脫貧致富的管道不夠暢通，今天他的失敗，也代表未來更多的人企圖翻轉階層的失敗。

這位敢冒險的年輕人是一個非常勇敢的年輕人，相信經營的困難，事先也知道。他已經非常努力，也很聰明。

但是還是沒有辦法跨過 99% 失敗的微型企業門檻。

企業失敗的原因可能有 100 種，作為政府，不能單純的把這 100 種的失敗全部放任在微企業主的身上，政府可以做的事情更多，可以有更多的融資管道，可以提供更多公平的機會，可以制定更合理的勞動法案……

一個社會的方程式不是只給 1% 的聰明人存活用的，我們要讓盡可能最多的人能活下去……我們可以做到的……郭台銘可以的，妳也可以，願逝者安息……

Chapter 8

從世界金融的變局來探討台灣的國際金融政策，及政府該有的應對方式。

第八課 — 從世界金融探討台灣國際金融政策

知名半導體媒體人臉友許美華文提到：「對於有人提台灣金融國際化、開放金融商品，成為國際金融中心。」

許認為：台灣金融市場非常淺碟，禁不起國際資金的衝撞（不信，可以看看當年的亞洲金融風暴）台灣的金融市場如果國際化（不用全部，只要再多一點），中共要讓台灣金融市場崩盤、台幣崩潰，是非常簡單的事！台灣的中央銀行一直被罵太保守，也一直罵不還口。或許我們因此錯失了很多賺錢的機會，但至少守住了台灣金融、幣值的穩定，這對維持一個國家的安定，是無可取代的價值。在中國還很窮、還沒崛起，還沒整天對台灣飛機飛來飛去來、資訊戰整天造謠、一直威脅要拿下台灣的過去，或許台灣可以有限度的考慮開放金融。但今天許認為應完全持保留態度，甚至覺得連討論金融國際化，都是一件危險的事！

不能再同意！

目前全球的大重置，都是根據之前「社會善良本意的遊戲規則」來設計針對攻擊的方法。如果沒有同樣戰爭級的防衛，很快的社會的財富就會被洗劫一空，這攻擊不只來源於中國，背後還有更強大的幕後黑手與攻擊系統。

讓我們看看矽谷銀行的倒閉案即知：

- 美聯儲巨額寬鬆使各公司滿手現金。
- 公司將大量現金存於銀行，造成爛頭寸（現金無法借出獲利）。
- 銀行將爛頭寸購買定息國債年息約 0.25。
- 美聯儲暴力升息，一年內從 0.25 直接拉升到 4.25，造成銀行巨額利差虧損。
- 銀行資本適足率（經營者本金小於銀行虧損）不足，法律上必須增資。
- 大眾得知銀行缺錢，開始擠兌。
- 銀行倒閉。
- 低價接管銀行，數十（百年）辛苦耕耘毀於一旦……

妥妥的合法搶銀行的套路。

如何跳脫傳統經濟與金融思維，面對隱型的世界大戰……

如果百姓知道升息目的只是為了低價吞噬銀行，低價抄底債卷，並非為了遏止通脹，政府該如何？

還有以目前國際財團對貨幣的操縱力，可否先不合理升息半年，再長期降息十年？只為吞併目的？

這種針對性的，非善意的，準戰爭級的貨幣操作，連美國的大銀行都受不了，這樣誰還敢提倡台灣金融權完全自由國際化？

Chapter 9

提醒在國際政治的爭戰中利用人性的弱點來影響各國的政治人物的操作方式。

第九課 — 看扁案

轉施明德臉書說阿扁開記者會：「自證己罪」

施明德稱陳前總統甘冒觸犯保外禁令，召開國際記者會引用「因公支出大於因公收入，沒有不法所得。」並且公布他說的「因公支出」的逐筆現金金額。兩天來吸引國人的注意力在「那些名人」接受了阿扁的「國務機要費」的贊助，包括他本人在內。

他的部分在十六年前紅衫軍運動時他已討過一次「人情」了，算是舊事重提。當年，他也叫侄子親送一張陳文茜提供的某企業家的兩百萬支票還阿扁了。

阿扁還洋洋得意地宣稱「其妻只是不會理財，但絕不貪財」，意圖顛覆世人的良知。

曾經權傾一時的總統家族，如今卻淪為全家皆是貪污罪犯，他說阿扁想漂白是可以理解的。所以這幾年常有當年的紅衫軍戰友會私下或公開要求他挺身壓制一下阿扁，施明德公開為文表示：「我是反貪戰場的大將軍，清理戰場的工作，不是我的任務。」

施明德說：我對阿扁一家的處境不是沒有同情心。多少民進黨戰友曾請我站出來替阿扁的未來求情：「你是紅衫軍總指揮，你的發言有一定的意義。」我總會說：「特赦阿扁的鑰匙，藏在阿扁的心中。」他什麼時候向人民認罪，懺悔，他就能獲得真正的解放。韓國總統十之六、七都因貪污坐牢，總統卸任坐牢全世界比比皆是，不是台灣獨有。

又說：「阿扁不是全球貪污最多錢的總統，卻是犯後性狀最不良的總統」。這會教壞囝仔大小。讓台灣人建立不起是非對錯的典範。說阿扁聰明卻沒有智慧，像多數律師。在美麗島軍法大審中，坐在被告席上就見識了。當年都是靠這些被告自己在辯護，而不是靠律師。

施明德指阿扁洋洋灑灑列舉出所有支出，全是現金，有送款人的姓名、時間、地點。他說的是事實、確證。而阿扁看到：我「因公支出大於因公收入，所以沒有不法所得。」所以沒有貪污。

他看到卻是：阿扁「你這些上億的現金是那裡搞來的？總統府的金流難道仍停留在菜市場的現金交易嗎？不用電滙，不用台銀本票？兩千萬現金多重啊？」指這就是破綻，除非舉證，那些現金都是叫幕僚一筆筆都從銀行領出，而銀行是一定會留下記錄的。

否則，他給的「國務機要費」全是來源不明的黑錢。記者會已証實犯了「財產來源不明罪」！用資助別人的錢在洗錢。

暗黑評論：

不怕小人的奸邪，最怕君子的無知。

敬告施明德先生，以您目前的程度理解的所謂金流，很可惜的無法界定法律上的貪污，更別說看見實質的正義。

阿扁因上帝憐憫巧合因執政黨內鬥而上位，其時豺狼環肆，惡虎眈眈，為平衡藍綠版圖而涉險為不樂之捐，雖未必無瑕，但有其更深高義，為臺灣兩黨政治加速催生，大功不可沒。

而為了定罪扁家，司法無所不用其極地唆使威逼那些真實的犯罪者去扮演偽證的污點證人，更不惜將無辜的評審也一起構陷貪污以成立將政治獻金轉為貪污的冤案，這將是台灣歷史上永恆的司法恥辱柱！

所謂洗錢，所謂私藏，只是防範未來政治勢力反撲後的防禦工事，何以被同志污衊至此？

阿扁以法律榜首之姿為政，避免涉法何其容易？，所以惟有以教唆眾人偽證，變換法官方得以偽相繩。之後證人在法庭紛紛翻供，而司法人依然頑拗固執，好官我自為之，媒體刻意壓制噤聲，人心何其毒穢，臭不可聞……

阿扁其罪，乃干犯不諱辦臺獨公投，跨越中美為臺灣魁儡總統畫定之紅線，遂以美方出手，按對恐怖份子的方式擊殺之，成為美國教訓不聽話元首之固定套路。而國民黨接獲資料，見獵心喜，陰謀籌劃，大佬聚於周信義懷寧街招待所共謀，推舉雖不要錢不要命，卻愛虛名之黨內同志，以臺大為其設立講座為名，籌劃一場斬首同志大戲。

於公於私？無從得知，但傷天害理，已是定論。

Chapter 10

以人性的包容角度，去解放這些以最小成本造成的最大陰謀破壞。

第十課—政治人物與情慾事件的關係

前美國總統川普（Donald Trump）成為歷史上第一位遭到「刑事犯罪」起訴的美國總統。川普的律師團隊證實，曼哈頓地方檢察官辦公室已於當地30日（台灣時間31日清晨）就2016年總統大選前夕，川普下令團隊私下向成人女星丹尼爾斯（Stormy Daniels）支付13萬美元（約新台幣400萬元）的性醜聞封口費一事，涉嫌作假帳、商業詐欺、並因選前刻意隱瞞支出去向而違反聯邦選舉財務法規，而向川普發出刑事起訴通知。由於川普目前已表態重返2024年總統大選，此前又數次反控丹尼爾斯案是「政治性控罪」的司法迫害，甚至號召支持者上街抗議、包圍紐約，因此這起錯綜複雜的總統控罪事件，也讓美國政治再一次陷入史無前例的撕裂邊緣。

《CNN》等媒體宣稱，曼哈頓地檢署就丹尼爾斯案給川普的起訴書，內容傳出有多達24條以上的商業詐欺罪名。但根據起訴程序，紐約檢方還將給川普一小段主動投案期，在此期間，為了保障被告的隱私與訴訟程序，檢方還不會對外公布「起訴川普的具體罪名」。但如果川普沒有在指定日期內前往紐約報到，檢方才會進一步向川普發出通緝，屆時可能直接逮捕、甚至在公眾面前替這位前總統上銬。

川普律師團隊對外表示，儘管川普與律師皆否認犯罪，反控此案是曼哈頓地方檢察官——民主黨籍的白艾榮（Alvin Bragg，美國地方檢察官是選民直選）——出於政治目的的濫訴迫害。但律師團隊仍建議川普遵照訴訟程序，目前預計最快將在下週二（4月4日）主動投案。

川普被控什麼罪？「丹尼爾斯案」封口費涉嫌違反競選財務法

川普之所以成為歷史上第一位被刑事起訴的美國總統，起因即是喧騰數年且充滿爭議的「丹尼爾斯案」。

現年44歲的丹尼爾斯，本名為史蒂芬妮．克利弗德（Stephanie Clifford），是美國著名的成人片影星。根據丹尼爾斯的說法，與川普在2006年7月的一場慈善高爾夫球賽裡認識，當時川普已與後來的第一夫人梅蘭尼亞（Melania Trump）結婚，但仍和丹尼爾斯發生婚外關係，並在2011年被丹尼爾斯曝光給八卦雜誌，但由於擔心川普律師團隊提告，這份爆料內容被編輯台扣住不發。

直到 2016 年總統大選，成為共和黨總統候選人的川普，再度遭到往日私德問題與多項性醜聞事件的控訴。因此在投票日前夕，川普才指使自己的律師柯恩（Michael Cohen）主動「拆彈」，私下支付丹尼爾斯一筆 13 萬美元的「封口費」（hush money），以交換丹尼爾斯不要出面爆料兩人在 2006 年的婚外情。

根據科恩的指控說法：為了封口性醜聞一事在選前被外界發現，川普要求科恩先代墊 13 萬美元，等到川普確認當選總統後，川普再從私人基金以浮報法律顧問費的名義，分期還款給科恩。然而在與川普團隊達成封口協議後，丹尼爾斯卻主張自己持續遭受「來自川普支持者的人身威脅」，於是決定在 2018 年 3 月親自對外現身說法，公開抖出與川普的婚外情與封口費問題。

紐約檢方認為，雖然川普團隊與丹尼爾斯的「封口協議」，本身並不違法；但川普與科恩在處理這筆 13 萬美元支出時，卻涉嫌偽造商業紀錄，甚至可能違反聯邦競選財務法規—也就是此筆支出的目的明顯與川普的選舉事務相關，但川普團隊卻刻意作假帳，以迴避聯邦政府對於選務支出的財務監管—因此在丹尼爾斯公開爆料後，全案也才從 2018 年開始轉由曼哈頓地檢署持續調查。

雖然川普本人堅決否認與丹尼爾斯發生過婚外情，也不承認自己曾唆使科恩代為支付封口費。但2018年稍晚，科恩就因涉嫌違反《競選財務法》與稅務詐欺被捕。之後科恩也因此與切割自己的川普翻臉，並轉作汙點證人，而向檢方提供丹尼爾斯案的犯罪證據——其中就包括川普事後補給科恩的墊付款支票。幾張分期付款的支票上，有川普的親筆簽名，科恩試圖以此指控川普對於封口費的完全知情與主導地位。

共和黨人群起批評「司法武器化」，但川普2024年再戰總統聲勢大漲

在科恩提供犯罪證詞後，丹尼爾斯案也由曼哈頓地方檢察官白艾榮接手，並於2023年3月30日經由起訴陪審團投票後，確定向川普提出刑事犯罪指控。然而白艾榮的刑事起訴，在美國政壇與司法圈內都引發相當大的爭議——因為與川普同時涉及的其他財務犯罪問題相比，法界一般認為丹尼爾斯案的起訴難度過高。檢方必須證明川普有意圖違反聯邦選舉財務規定，才可能以「刑事重罪」（felony）來定罪川普，否則丹尼爾斯案的財務資料造假在紐約州法裡只算「輕罪」（misdemeanor），大多只會要求當事人補上罰金。

此外，由於丹尼爾斯案的起訴權掌握在民選選出的地方檢察官手上，而負責本案的白艾榮本人又是民主黨籍，因此全案不僅被川普本人、就連共和黨黨內大老——像是眾議院議長麥卡錫（Kevin McCarthy），以及有意與川普競爭 2024 年總統大選提名的佛羅里達州長迪尚特（Ron DeSantis）——都抨擊民主黨刻意「司法武器化」，是對川普「具有政治目的的濫訴迫害」。

像是在陪審團的起訴投票之前，川普就曾透過社群媒體號召全國支持者上街，並以紐約市為抗議集結點，宣稱要「捍衛正義」。此舉也讓美國各級政府大為緊張，除了民主黨人低調以對之外，就連不滿檢方起訴川普的麥卡錫議長，都呼籲共和黨支持者保持冷靜、切莫在情緒高漲的混亂時刻上街抗爭。

《紐約時報》（The New York Times）與《福斯新聞網》（Fox News）皆表示，檢方對於川普的具體控罪內容，要等到川普本人投案、在曼哈頓第一次出庭應訊時，檢方才會對外公布案情與起訴罪名。所以截至目前為止，外界還無法確認檢察官手上到底有多少新增的「控罪資料」，也就難以展望這場訴訟的定罪機率。但一般來講，川普主動投案的當天，將被採集指紋與拍攝「被告檔案照片」。

目前外界大多預計川普被公開上銬、被當庭收押的機會非常小，後續的訴訟甚至還會拖到一年以上，因此在明年（2024）總統大選前，丹尼爾斯案對川普參選的影響，多可能集中在政治效應。

2024 年美國總統大選的共和黨初選投票，將從明年 2 月～ 6 月間在各州陸續進行，但有意參選的各路候選人已各自表態。根據目前各方所做的共和黨民調，川普仍是已知候選人中聲勢最高的一名。其中《福斯新聞網》在 3 月底公布的最新民調就顯示，川普在總統初選中仍有壓倒性優勢，有 54% 的受訪者支持川普代表共和黨參選總統，比起排名第二的佛州州長迪尚特整整高出 30 個百分點；《路透社》（Reuters）的民調也顯示共和黨初選目前呈現「川普對決迪尚特」，但川普的提名支持度仍比對手多出至少 10 個百分點。

最近不少政治人物因情慾事件落馬，情慾事件對於政治人物來講就像核彈爆炸一樣的毀天滅地。為什麼這件事情會這麼重要？雖然對情慾的態度也可以看出一個人最真實的一面，但是一般人著重的點，都是在誇張其中不雅，讓人不愉快的部份，因為攻擊者著重的點都是希望把它當成一個攻擊對方的武器。所以從來沒有看到內部的真實，只看到外在的噁心。

其實以政治人物的生物特質來說，在情慾上超過一般人正常的需求也可以理解，不管男女。人類把情慾無限上綱原本就是一種人類諸般罪惡中最為輕重錯置的陰性思考。其對人生重要性與對人類破壞性呈平方反比。

就如小孩子偷吃糖，或偷開冰箱吃蛋糕，但依此就把他腿打斷，直接趕出家門就可能太誇張……而像川普這案，更像是一樁設計好的陷阱，比情慾事件更噁爛的邪惡……深入的想，別人的性行為或戀愛史，無害的特別癖好究竟干你何事？

這社會有人不斷的搶奪，讓你無安身立命之地，有人為財富，甚至公開合法的取你的性命，你不為所動，卻管到別人的風流韻事？使用猥瑣的言辭，再公佈人的姓名照片，比偷拍人隱私公開放網路上的人更邪惡，傷害人更大，不是嗎？這種媒體程度有如不露點A片商。

愛情不是雞雞管理，婚姻更不是，沒有這種理解，也很難得到好的結果。

情慾對人來講，是一種快樂，但是同樣的也讓人身處危險，多一點文明的體諒，會讓這個社會更有活力，更有愛心。

一個社會的文明與野蠻，可從這社會對情慾事件的態度來判斷。

這種事情要不是兩相情願，要不涉及基本人身權利。通常對這種事情特別強調在乎的，不管是婚姻或愛情都是兩性關係中的強勢方甚至是破壞者。

更嚴重的是把我們社會執法者留一個轉移目標，怠忽職守的破口。

該做的事情，對社會最大危害的事情都不去處理，不會傷害人的事情，動用最大的社會資源胡搞瞎搞甚至借勢借端。

我們在這裡，先不探討川普究竟是不是受到司法迫害而冤枉，因為答案早就很清楚。當然美國的司法從拜登以來就徹底變成另外一種模樣，以前不合理的審判只會對著類似奇美友達這種傻台灣人，現在可能這工具覺得好用，也直接拿來對著國內政敵用。對於川普本身相關的司法判決，向來就是絕對的悲觀。我們知道一般人對美國司法迷信的程度如下蠱，所以還不如早點直接先釜底抽薪，針對政治人物的情慾正常化議題直接解放做救贖。

悲哉悲哉！希望在未來少一點看到那些利用別人情慾議題設計政敵跟競爭對手的新聞，這些見獵心喜的攻擊者由內而外發出惡毒令人噁心的氣味，比多P，人獸交更令人作嘔。

Chapter 11

在野黨的政治困境與重生之道，珍惜台灣現況人文寶貴資源。

第十一課 — 藍營外省第二代的政治希望

最近為了對抗人類最大的敵人DS，跟一些深藍影響力大佬的朋友討論政治。

有的人目前感覺很有實力距離勝選很靠近，目前如果投票只會輸對方一票，但是其實以本質上的差異，不管再加上任何努力，都不可能再多出這一票，那結果是贏是輸？

有的人現在看起來是零，可是明明只要油門一踩，他是汽車裝火箭引擎，絕對有實力可以超越對方的。

他的可能性就是輸五百萬票跟勝選兩個結果，如果你是藍營大佬，你會怎麼決定？會選擇光榮的必輸，還是豪賭可能大敗，但是有贏的機率的那一組？

枱面上所有人端出來的菜都是這種到最後根本不會贏，只是選得比較漂亮的候選人……真正原因就是這些人真的是沒有具備領導台灣的智慧跟人品。

而真正有這個資格的人，沒有資源，而你們也不屑一顧。這才是你們真正不會成功的原因。

作為純血純種純靈魂的台灣人，珍惜跟你們相處的這個難得緣分，不希望你們在這個島內將來成為二等公民，良禽擇木而棲趕快離開原來的地方吧！

這次郭台銘再次叩門，想必一般藍營已為求勝不擇手段，紛紛跳出來輸誠。想仿造民進黨當初禮讓柯市長模式而不擇手段。然而勢必上沖下洗刀山油鍋的，還有很長一段路，而車輪胎隨時都可能來個大爆炸！

讓我們拭目以待！

Chapter 12

做一個國家的國歌來講，很難想像人類可以創作比這首中華民國國歌更好的作品。

第十二課 — 論國歌

經濟學人有一篇文章，把全世界的國歌拿來作比較，列出了10個國歌最好聽的國家：有巴西、美國、烏拉圭、烏克蘭、德國、以色列、俄羅斯、尼泊爾、日本、南非。

個人意見：

此經濟學人為非專業的評選。旋律的創作，屬於上帝的秘密方程式，至今未有音樂學院破解，所以他們也找不到所謂專業人士說話。

驚訝的是，一些看似不太文明的國家其國歌精緻度居然勝過文明大國。

茲重評如下：

巴西：大調旋律縱深不易，使用半音階擴大創作空間，同威爾第歌劇水準。

以色列：小調使其和弦層次豐富。

烏拉圭：理由同上，但略遜一籌。

俄羅斯：同2，但嚴謹開始，草草結束。

德國：四平八穩，合理稱職。

但是如果在唱片公司讓這些歌來評選為主打歌可能幾乎通通不合格。其他更是菜市場水準，連民謠都不如。

認為最好的國歌是我們目前的中華民國國歌，當初國歌也是作者程懋筠經過如星光大道的全國海選，最後從眾多傑作中脫穎而出，有相當的專業基礎。

估計中華民國使用的國歌沒有入圍的原因可能有兩種：

1. 不視為國家，所以變地方歌謠。
2. 超級屌打其他國歌，使其他國歌顯得很低維。

就像以前老柴（柴可夫斯基國際音樂大賽）直接把真正實力的第一名在預賽前就幹掉是同樣的意思……

理由：使用後起拍，強化節奏。從主和弦，屬合弦兩相對應，下中和弦（相當於小調主和弦）與下屬合弦兩者應對形成四個旋律基點，中間轉節奏變型設計應答與解決回後起拍之間補上：上主和弦逐漸升高最後高點用一個 Rit 放慢隆重結束。

做一個國家的國歌來講，很難想像人類可以創作比這首中華民國國歌更好的作品。這樣的傑作，換掉很可惜。據說希特勒舉辦奧運時，曾經也找專業音樂家來評審各國國歌，結果，出乎意料的不是德國的威賽爾之歌，居然是中華民國的國歌！台灣，雖然從古到今，經過多元文化洗禮，但同時也因著這些歷史上的悲劇，集結了人類歷史上少有多元文化的寶貴結晶。這是每一個在台灣的所有人共同的貢獻，就如同現在我們擁有的，被從大陸渡海帶給台灣的，最棒的國歌！

Chapter 13

談 Unconditional Basic Income，簡稱 UBI
又稱為全民基本收入。

第十三課 ─ 談 UBI

由於人工智慧如 ChatGPT 的發展迅速，預期可能將取代許多人的工作，社會上很快會未來世界中將實質進入 UBI 無條件基本收入的族群，不管他們表面上是不是偽裝作有在工作的樣子……

其實以下的人員，除了沒有實質社會貢獻度之外，更多的還可能在經濟上是社會的負貢獻，負生產指標。誰說 UBI 不可行？

- 收租房東。
- 只在開罰單的員警。
- 沒在打仗的軍人。
- 恐龍司法人士。
- 黑幫為業或詐騙人士。
- 績效不彰的政府官員。
- 只按健保公式操作的醫護人員（因未來AI可取代）。
- 沒有創造力的教育人員（以後想學什麼自己上網即可）。
- 在公司內的負能量員工。
- 沒有實質美好創意或作品的藝術家。

他們最大的社會功能就是證明 UBI 無條件基本收入可行而實際已存在！目前人口佔比已快超過一半，未來實施指日可待。

偶然看到政府鉅資投入的歌劇主唱身材有感：

拿政府巨額預算來作復刻外國歌劇面對大眾表演時，歌手應比蔡依琳更努力減重才對，藝文界也應該反省自己是否與時俱進，政府的補助，應視為一種投資，如果投資失敗，也應停止。或者，改變投資策略……

如果藝文界也能按流行娛樂界嚴苛的自我要求標準面對大眾，相信藝文界再度輝煌也不是難事。

Chapter 14

談論文憑的重要性。

第十四課 — 談論文與學位問題

解析學歷

■學術：原是一種高度溝通的方法。人世間相對困難麻煩之事，需要學術的思考與溝通訓練，將自我的偏見放下，以宇宙的思維溝通，累積人類全體的智慧，並解決困難問題。

學歷不等於學術

■學歷：應該是學術層級的標記。這標記的目的為的是方便管理；讓上層指令方便向下執行。被管理者的衝突意見，用這標記可以快速略過花時間的辯證思考，直接碾壓執行。

學術與智能

認知心理學中有單純反應時間與選擇反應時間，選擇越多，反應越慢。

說話反應快的人，有時候是因為腦中選項少，思慮簡單。別看人口吃；也可能因為是愛因斯坦，想很多。

在腦中建構特殊專業的思想結構時，結構越大，等於腦內選擇反應的項目越多；在其原先早期的專業上雖會顯示高智能；但一旦離開專業，或輸入新的資訊，有可能會面臨選項太多，思考緩慢甚至思考當機的問題。

如果當兵幹排長等一線長官時會發現：手忙腳亂，學習緩慢，反應慢半拍的，通常是大專兵。反而學歷不高的，感覺更機靈，頭腦更好使。

學術上給人的訓練很適合專業深度的事務處理；然而對於縱向淺層的聯繫整合思考，甚至社會大數據的即時變動感受，多半緩慢而遲鈍。

這可以解釋重視文憑，政府民間領導人多為高學歷的華人社會通常封建，醬缸；政府反應慢。有時對顯而易見的錯誤無感，給與新資訊時，常常沒有運算與加總原來數據的能力。

還沒有包括那些因個人情緒，利益，私慾的影響造成更失能失智的情況。不過這樣的社會，方便當殖民地跟奴隸。

社會心理學也區分邏輯運算與概念抽象思考在社會結構上的功能，與深度的專業訓練是迥然不同的兩回事。

這是學歷不高如雷根總統，為何反而成為公認歷史上最偉大的美國總統的原因。而這也是教科書上所舉的實際案例。

學術的訓練常常不是領導的訓練，而應該是被領導的訓練。這句話，也算很學術。

目前學院正發生幾個問題：

- 部份領域學者之前科學家的步伐太聰明前衛，導致現今學者很難超越其成就。
  好比相對論以後，霍金以後的科學家，可能會很難再更多真實的理論突破，可能研究要跨人跨代才會有更新理論，但物理學教授的位置不足以分配這些只剩微小突破理論機會的學者。
- 以資訊為主的一些學術範疇將會完全被網路所取代。
- 部分領域的學術知識是「應用上有限的」好比音樂，文學，到一個領域之後他沒有必要更深入，因為使用的價值太低，唯一只有導入考古學，才能舒服的進入一個不能捉摸，各說各話不會被證明不對的一種深不可測狀態。

■還有一部分是整體理論結構已經完全不符合今日時代上的需要，但是因為理論與實際上社會的利益結構已經充分融合，所以變成絕大多數的該專業人士壟斷反對進步的學術理論以維護自己的利益。

好比醫學，經濟金融，跟司法。社會上大家依賴他，但事實上這些專業目前可能被刻意的陰謀者針對其既有固定規則的漏洞攻擊，或朝著社會上反動大魔王在發展。

人類該是好好的思考未來這些學院系統該怎麼調整，人力該怎麼有效規劃。

所以林智堅或蔡英文等人，未來其實不應或不需要為所謂學位太困擾或難過……

Chapter 15

獨裁者最明顯犯的毛病就是「短邏輯暴政」

第十五課 — 解析中國當前執政的問題

為許多嚮往獨立的人士的自殺觀念憂心忡忡，很認真的在版面上發言，得到一些認同，言論版塊也有一點點移動……

終於有些死忠台獨派的朋友開始意識到：站在戰略角度上該反的不是中國人……其實還有更好的方法，因為共產主義這件事情雖然被一些不好的人或政權拿來利用而醜化，但是基本上這個名詞當中還是有很多善良的成分，以致於沒有辦法把人的邪惡的部分做完全的針對跟打擊。

其實以現在未來的時代大數據的環境，所謂資本共產界線只是紅線畫在哪裡的問題。

更應該直接挑出來的是一些「極權政府」的作為，我們以一個名詞來描述叫做「短邏輯暴政」「淺思維暴政」如果一個地區的領導人已經到達最高位，我們假設在他做任何決策的當下其實內心基本上都是本於善意，只是因為認知無明，所以才導致哀鴻遍野，民不聊生。

而獨裁者與政府最明顯犯的毛病就是「短邏輯暴政」或「淺思維暴政」

短邏輯暴政就是只看到最後一小段漏出來的壞處或邪惡，就在這個最短的行為上進行直接行為的壓制，卻沒有去探討邪惡發生的原因。就像拉肚子時把肛門塞起來一樣。我舉例譬如像現在台灣的加強拖吊，以稅打房，抓八大行業等等，都是屬於一種短邏輯暴政。當然對岸就更誇張了……

這種短邏輯暴政，其實可以藉著群眾媒體喊話的力量，在最小社會傷害成本的原則底下引導政府修正其行為。因為思想革命的傷害性是最小的，除非當權者完全粗暴的除了自利之外，完全沒有任何利他行為，這件事情才會對他構成威脅，這種情況除非在文明非常落後的地方，否則並不常見。

目前全世界的執政者面對當前時局的狀況，逐漸有往這個短邏輯暴政靠近的傾向，中間有很多主要是因為許多在新文明互聯網時代產生的新思想或媒體的獨裁現象，造成很多人更能假借專業面具來隱瞞欺騙大眾，巧取豪奪，而政府也隨之起舞……

參考一下對岸中國遠大的治國理想後：

除了認同一個過氣，極情緒化加邏輯不太好的古代人馬克思之外，還有兩岸的議題跳過不討論先，看其餘治理中國的內容，真如同邁進完美無缺的理想國。但如果以台灣急統同胞的人氣指數來問其是否直接換身分證換成中國人的話，可能連統派的鐵票數10分之一都不到……

藍營目前的票支持中共的原因，多半只是純粹為了打擊民進黨以獲取台灣的政治地位，不是成為法律上徹底的中國人，否則就會像女打仔陳竹音一樣直接換國籍了。

這麼完美的治國方針，為什麼會讓大家害怕去投入成為國民？問題在哪裡？

其實論文章，我們小英總統也寫得不錯，但是從文章中的理想到實際的執行到底發生什麼錯？為什麼到達的目標跟原先講的常常都相反？原因就是：

「短邏輯暴政」「淺思維暴政」為了兩岸未來的統一融合大業，建議中國的執政者應仔細閱讀給百姓的總統必修課。

Chapter 16

從認知國際形勢對醫學界與權威學術界的直接影響。

第十六課——論新醫學後疫情時代的醫學契機與新局

從醫學界最封頂的專業人士所發表的幾個菜市場老嫗都不如的錯誤預測跟言論開始。

我們目前該有的認知

第一件事情：認知社會上的精英重視自己荷包遠勝於你的生命。如果在這個狀況你要活下去，你必須心態上要有一種戰爭預備。

第二件事情：對於當前所有的主流醫學期刊所發表的言論凡有涉及國際壟斷性產業的全部要產生懷疑。

好比黃豆對身體的好處，咖啡對身體的好處。什麼燕麥可以降低膽固醇等等，在我們建立一個更客觀的學術醫學實證平台之前，這些資訊可以暫時當成網路傳說來對待……還有懷疑一些違反生物普世價值的一些醫學觀念，譬如吃早餐晚上少吃這種跟一般野生動物完全相反的做法。

然後相反地對於主流極力封殺的東西，但是不小心會看到這些被醜化的極致的東西突然就像上帝天使一樣的在人身上一直產生許多醫療奇蹟的，要趕快去研究，法律上要鬆綁，如大麻。

我們要趕快淡化我們人在這件事情上的色彩。

醫學從來就很不科學，雖然醫學很喜歡套用科學。

那我們就用純科學，只有以純科學來反向檢驗，才能凌駕傳統醫學，掌控真醫學。

疫情期間撲朔迷離的主流媒體一面倒全面封殺的訊息，對應偶爾身邊出現的一些小道消息，這些小道消息提供者卻好像當初黃花崗烈士一樣，不畏懼生命財產損失的一直吶喊。到底如何判斷誰對誰錯到底誰在說謊？

提供一個最好的判斷方法

1.譚得塞在武漢疫情爆發之後說了什麼話「沒有科學證據證明可以人傳人」

這句話非常科學！這個邏輯也非常專業！

不過到底他說的正確嗎？我想最後的事實很清楚。

他可不是一般的痳瓜百姓！他是專業人士中的專業人士中的專業人士，絕對絕對的權威！因為很重要要講三遍。用著最專業最科學的判斷而說出來的話，他的專業勝過一個國內外醫學界任何發言人！結果是一句傻話。

另外一個人是美國的佛奇，他是誰？他可不是一個鄉下鄰居老阿伯，它也是相關領域最有話語權的人，他說打疫苗可以防止疫情傳染。又是一個專業的傻話。

這兩個極致頂尖無比崇高的專業人士都在講傻話了，其餘同領域所謂專業人士的話參考價值又在哪裡？

以往的專業讓社會進步，但今天所謂專業居然成為用來霸凌獨裁掠奪社會資源的工具，法律也一樣，經濟也一樣……

我們現在用目前事實最後的結果來反推台灣政府，台灣醫學界之前的判斷與決策到底正不正確？細思極恐，令人不寒而慄！

如果我們的政府對於國際政治的形勢有夠高度的了解，他應該要去正視暗黑政府以非民主的方式取得美國政權的這一個國際現實。

如果我們醫學界的相關專業人士在這個時候憑良心的去說話，我們也不難發現這個技術在學理上的誤用。事實上很多這方面的專家早就提出呼籲，像李偉平，江晃榮等。他們的聲音被某些勢力結合政府給壓下去，甚至檢調都出動。

這個實驗性的疫苗並沒有阻止感染，這是最確定的事情，所以：

- 強制打疫苗的公益理由已經完全不存在。
- 所謂專業人士的判斷不夠專業。
- 有專業人士刻意說謊而且不願意認錯。

總而言之，政府應該對這個錯誤的國際事件判斷跟事後的強詞奪理負完全的責任，也就是應該要下台，不管藍綠！很多台灣人討厭中國，但是現在全世界有更危險的敵人，我們還是應該更嚴肅的看待這個問題。

目前民進黨利用台灣人對中國人的嫌惡或害怕以執政，很遺憾地藉著這個疫情，已經證明了這個政府已經最快速的邁入無能與腐敗。我們一方面在探討追求健康的同時，我們必須付出另外一點點心力來捍衛我們的生命跟財產。

我們的國家不需要驕傲的書呆子，需要的是能夠用最清楚的思維判斷身邊周遭事物，帶領全國人民避開危險，然後強大自己，對抗環境的領導人。在醫界，已經有聽到耳語說台大醫院已經是某董囊中物，當然這句話的科學界線在哪裡未知，但是可見其影響力已經先用潛意識植入相關人士的頭腦。

其實應該好好藉著這個機會來審視一下我們國家的公開上市櫃及機制。

如果生活環境同時接觸到準遊民跟首富圈，會讓人大有感觸。

一個上市櫃的科技外銷企業，從成立開始會接收多少政府與大眾的關愛？一般企業，如果能有其1%的資源，搞不好多出好幾個其他行業的世界第一台積電了。結果這些上市櫃公司賺得了錢也不還股東，就是拼了命的要再從各種其他行業的窮人手上再搶錢撈錢。

要不然就是在股市上下其手，或藏富海外。利用不對等的資訊搶奪股民。

這是合法的詐騙強盜行為。這個貪婪的本質，比起詐騙集團，黑道販毒色情對社會的危害有過之而無不及。但從來沒有政府或學者對這件事情加以檢討，當然我知道一般的學者只是拿學位而已，沒有真實的學術判斷素養，更甭提社會良知了。

這種公開上市公司理論上賺到錢，第一件事情應該要歸還股東，沒有資金需求的時候就應該下市，把機會還給其他新創企業才對。

銀行的貸款是要貸給未來的希望，而不是給予這些財團作為徵斂人民的武器。

本來美元脫離金本位，外銷就是賠本生意了，政府喜歡美金的原因只是因為可以讓自己私相授受，對大多數人民一點都沒好處。一比30的匯率就是通貨膨脹真正的最大來源，跟炒作房地產元凶背後最大的靠山。

所以臺灣跟韓國這種以外銷為經濟主體的國家生育率都是最低的，因為這一切做的可能是逆天道的事。

Chapter 17

談全球晶片布局，與美國的戰略考量，以及台灣在其國際策略之下不得不預先防範的幾個重要角度。

第十七課 — 談臺積電外移

莫只因為中國或藍營反美主張而忘記此事的本質。純粹逢中必反逢藍必反即失知識份子客觀立場。

有人說台積電有許多關鍵技術原料需感謝提供者。但國際分工上，技術的源頭分享，如有支付雙方合意費用，即不必陷於上下主僕迷思。除非免費贈送，否則無需感恩戴德。

臺積電移美，完全非商業行為，是戰略行為，刻意以別人不懂產業為門檻理由阻止使人閉嘴，是專業的驕傲與邏輯的誤導。

凡攸關戰略，就應回歸戰略角度思考。

以商業上的考量而言，有可能對台積電是有好處的，所以光從台積電經營者的立場去看這件事情，不能代表這件事情對台灣整體的利弊得失。

這件事情的重點，第一就是突顯政府在國際地緣戰略上的軟弱與短視無知。當台灣手上有這麼重要籌碼的時候居然不懂得議價 Bargain。台灣想要得到國際承認，如果這時候還得不到，那直到地球毀滅也都不到。所謂抗中保台辣妹純粹是自慰的傻話。

如果台積電寸步不離，一隻蚊子都不讓飛出去，國際上絕對的保護台灣，讓戰爭發生機率成為零，就是必然狀況。

台積電以目前的佈局當中，美國投資如佔未來資本支出已經佔 25%，像台積電這種未來公司，資本支出幾乎等同義於未來營收的情況。很快的他就不是大家講的 1% 了。

但是這還不是最可怕的，台積電移廠美國最恐怖的後果是形成一個戰爭時半導體避難通道！

一旦衛星工廠相關配合運作妥善，這時候通道完成時，兩岸戰爭就會形成國際半導體資源整體移美的利好美國狀態。

在戰爭的時候遷移相關的產業人口都不是特別困難的事。

兩岸戰爭對美就有四大好處：

- 賣武器同時消滅中國與台灣的美國公債。
- 削弱中方武力，增加對亞洲的控制。
- 將半導體產業盡收囊中。
- 跟推廣疫苗一樣，利用戰爭消滅人口，節能減碳。

這就好像把一條香噴噴肥美的魚放在貓前面而相信貓的人品跟自律不會偷吃一樣。

台積電不外移，中美大戰的戰場在大陸，台積電一旦外移，中美大戰的戰場就在台灣。

這就是讓台灣成為科威特或者烏克蘭的差別。石油在底下沒有辦法搬走，半導體產業人走廠遷就整個走了。

以上所有是一個國際戰略的預測分析，政府不能只看一步棋，要看一步棋後面好幾步可能的風險。

這些推理跟產業熟不熟都沒有任何ＰＩ關係，所以不要拿懂不懂產業來壓人。

暗黑評論：

護國神山被愚公移山台灣硬起來，錄自臺灣相對論。
愛因斯坦的相對論改變了物理，臺灣相對論即將改變台灣。

半導體一直是國際政治博弈的兵家必爭之地，其實早從世界半導體積體電路產業從日本轉移至韓國與臺灣就可以明顯看得出國際政治力量毫不掩飾的一種介入。

記不記得之前的亞洲金融風暴？在亞洲金融風暴之後，韓國的主力產業被國際資本乘機介入，其中三星的李老闆曾經在私人的餐會抱怨韓國三星已經不再是韓國的企業。

其實在亞洲的生產製造圈，韓國一直扮演著有一點像亞洲內賊的一個角色，他好像是被政府刻意製造出來對市場跟產業做價格上的破壞，來降低整體亞洲出口的實際影響力，也就是價格的破壞者，甚至商業策略的破壞者。

韓國這個角色有點點像電子業界亞洲內奸的角色一樣，好像背後有一股隱形的力量大力的支持，然後像日本一樣原先可以合理獲利的產業就會被破壞。從當初政府的兩兆三星Dram面板電子產業淒慘的慘。市場有了，產業規模大了，可是在這個產業投入最多的人卻倒閉了。當初充滿希望的產業，後來變成譬如雞肋食之無味，棄之可惜的半僵屍公司。

然而台灣在這個充滿危機險惡的國際貿易當中好像有如上天的恩賜一樣，找到一個機會。台灣的產業通常對於國際大企業而言就如同高級殖民地一樣有求必應，予取予求。年輕人在裡面賣血賣肝的，為國際企業工作，這樣長時間大量的全球最高質量的新一代藍領工人，可以說媳婦熬成婆，終於讓台灣在這個產業之中佔到一個非常重要不可取代的位置。

因為這次產業別高度第一次超過了所有外力干預介入足以抗衡的高度，所以台灣這個地方綻放了有史以來最高的一次光芒跟國際能見度。當然除了我們本國的努力以外，當初台積電的領導階層具有產業遠見，意志力的堅持是一樣重要的原因。我們在這裡要為臺灣感謝台積電跟台灣這些電子業默默為台灣努力付出的一群人，你們已經為臺灣打了一個光榮的勝仗，你們辛苦了。

但是接下來的工作，就應該交給我們，什麼工作呢？就是保護你們現在的一切戰果的工作，這個就是政府所需要做的任務。很多人說我們不具備這些專業不應該去決定產業的進退，這是非常危險，其實更不客氣的說，這是一個非常弱智的說法。

我們就拿著我們台灣人最崇拜的美國式思維來分析這件事情。

通常在美國專業的部分，就是前端仔細複雜的工作：而整體的判斷卻是另外一種思維，另外一個腦袋，所以今天川普不用學習半導體，他就知道如何以貿易禁令來打一個國際貿易戰，這些是在線上專業人士所不擅長的。

人的腦容量有限，如果一個人的腦袋裝滿滿了專業的知識，剩下的腦容量也有可能不會比黑猩猩更大。心理學有所謂『選擇反應時間』，選擇的項目越多，越複雜，人腦反應是越慢越遲鈍的，所以不要再迷信博士治國，應該要把更高抽像思維決策的判斷交給完全不同思維習慣的人來處理。

台灣目前有個很壞的習慣，就是把尊重專業這件事情無限上綱到一個抽象思維的判斷，這也是導致台灣的所有專業思維的價值不能夠在國際的政治經濟貿易博弈上得到應有價值收穫的最大原因。

也就是我們常常賤賣了我們的專業。

用更白話的說，假設將國際上的政治經濟貿易當成一個江湖事件，學者專業工程師研究本行可能很厲害，可是如果遇到像江湖事件，他的判斷很可能會輸給一個在江湖上打滾許久的黑道大哥。

所以像郭首富這樣的角色，他是屬於老江湖，就很容易在一群學者專家的江湖競爭當中脫穎而出。現在我們所有的政府官員都幾乎是技術官僚，可以說在面對這種比黑道還要更險惡的國際江湖事件他們是一點抵抗力，一點保護力都沒有，我們認為他們完全沒有任何保護台灣的能力跟強度，在這裡我們主張台灣要硬起來在貿易上硬起來，在國際政治上硬起來。

其實外國人他有一個習性，當你強大的時候他會尊敬你，當你卑恭屈膝的時候他反而會欺負你。因為西洋文化是達爾文強者生存邏輯，所以台灣的領導人在國際的政治舞台上跟商業舞台上以一個完全奴化的小丑的心理狀態出現時，這個狀態對台灣也是相當不利的。

問：護國神山離開台灣之後會不會戰爭？

很可惜這個答案是肯定的！其實台積電離開台灣的另一個同義詞，就是把台灣騰出來當戰場！

我們這邊要提出來一個思維，寧為科威特不做烏克蘭。

當初伊拉克進攻科威特的時候幾乎是如入無人之境直接佔領。這時候全世界的反應是什麼？直接把戰爭開在伊拉克的本土！為什麼是伊拉克本土？因為科威特有更高的城市價值，所以國際選擇以伊拉克為戰場。這樣戰爭勝利的成本較小，所得更大。在台積電之前有一個我們台灣的環球晶圓想要併購德國的半導體公司世創，慘遭滑鐵盧。而其中最大的原因，就是德國的國家安全整體考量。德國有兩個考量：一個是戰爭的考量，一個是利益的考量。因為德國在中國有最大的利益，一旦開戰，他無法想像應該站在哪個角色。

其實在這個狀態之下，我們政府要做的就是對於這些操作直接秀出其利弊得失而裁量。德國權衡利弊之後犧牲台灣，而台灣也要有勇氣跟德國說不！因為既然已經選擇了中國，就不應該在台灣得利。如果你要在台灣得利，你必須在國際政治的光譜稍微調整移動一下。

所以說台灣政府要硬起來。

很多人會說：台灣沒有強硬的條件……這是錯的！因為台灣人將所有鬥爭的能力都對著島內的人做競爭，但是對外卻是非常的軟弱，這是一個劣根性的壞習慣，算一個民族性的超負面因素。

我們蔡政府曾經說一句話「台灣價值」，究竟是什麼臺灣價值？無條件的放送犧牲，有求必應打落牙齒和血呑給外國人的價值嗎？又有人說台積電賺取大量的外匯特別是美金。我們在這裡要再次提醒大家：在美元脫鉤金本位之後我們將台灣的人力物力資源轉到這個美金，並不像我們想像中的有價值。

這是一個總體經濟跟個別經濟的矛盾。

也就是說政府的官員掌握了他可以運用的美金，這是政府的官員所愛的，因為在國際政治舞台上他就是可能要使用這些美金來做國際上的自利操作。而做外銷的人回過頭來在國內就把美金轉換成非常巨量的新台幣，這就是導致豪宅文化，台灣富人圈奢侈文化，但一般大眾民不聊生的最重要原因之一！事實上他衍生了一個準漢奸經濟的狀態，絕大部分的民眾在這個國際貿易上他是屬於非常吃虧弱勢的狀態，所以這也是另外一個台灣詐騙產業成長的一個背景溫床。

還有一個認為政府有沒有資格去介入產業的問題。

我想這個問題很單純，我們沒有任何創意，也就是美國怎麼做我們就怎麼做。美國是如何去介入所有他的商業談判，台灣就應該等同的狀態去介入，台灣政府好像把漢奸行為誤解成一種具有國際觀，這是錯的！具有國際觀，應是具有國際戰鬥能力，而不是一種國際走狗討好獻媚外國人的能力。

這才是真正的台灣價值，台灣你要硬起來。

Chapter 18

預先防衛性的建立替代性本土實用性的新醫學架構，
探討健保制度與醫師之間互動。

第十八課 — 如何看疫情跟疫苗？給某堅持推廣疫苗的醫生的話

疫苗是測試各國政府與知識份子的奴性 PCR

■ mRNA 相關基因編程技術，主要是為癌症用。業內天條共識即是避免以病毒為導入的基因主體以防止細胞進一步癌化。

結果居然是更誇張的導入與病毒致癌同意詞的「具逆轉錄能力」的棘蛋白 mRNA.

■ 棘蛋白細胞毒性是「天王級」的，可 Trigger 狂牛症 PrionLikeProtein. 極高風險。無長期臨床試驗即重複施打，是置人類於滅種危機中。

■ mRNA 疫苗有「防自然降解」「強化細胞穿透」技術，長期毒性可能勝於自然病毒。細胞導入技術中，部份可能含「最硬奈米物質」石墨烯，不易代謝，對身體軟組織傷害極大。

■ 臺灣異常高的兒童腦炎，與臺灣的高三劑施打率高度正相關，疑似疫苗施打後，人體亦同染病毒一樣會「不斷釋出棘蛋白」造成 ADE 免疫依賴增強。

■ 更有人直言，短期就可以研發抗 RNA 病毒的疫苗的即是公然詐騙，否則愛滋病早絕跡了。

■ 目前臺灣疫情囂張現狀，疫苗的保護力目前呈現的效果與打任何異蛋白引起的基本免疫提升差不多，打屎也可以作到，毒性比棘蛋白更低。請不只看由藥廠或政府贊助的假論文。

多看世界各國第一線醫生的反彈視頻。如果政府針對疫情該怎麼做？

■民生必須品，備貨兩週，不足政府補助。
■直接封城兩週。
■不論公私「與時間相關產生的各種費用」如利息，房租，停車費等。依法直接停收兩週，猶如時間暫停。

這樣才是最公平也是影響最小，時間的問題，就應從時間解決。

目前的作法對被特定停業的業者是絕對不公平，而且事實證明失敗，是取少數人的生命財產來換取其他人的健康。

最後獲利者是可撐過疫情的有錢人……

附錄：烏克蘭戰爭與疫情的可能關係（轉 Real Raw News 報導）

聯邦服務局特工 Andrei Zakharov 告訴 Real Raw News，俄羅斯總統弗拉基米爾．普京下令銷燬俄羅斯領土上的所有新冠肺炎疫苗庫存，理由是被稱為“莫斯科 Vax” 與疫苗接種人員艾滋病毒感染突然激增之間存在不可否認的聯絡。

儘管普京尚未正式宣佈，但他已責成他的得力助手國防部長 Sergei Shoigu 清除 Sputnik 和 CoviVac 疫苗變體的醫院、診所和藥房。軍方將透過審計疫苗儲存庫和進行現場檢查來確保合規性。

像特朗普總統一樣，普京被謊言欺騙了；一個由狡猾的醫生、衛生專業人員和政府傀儡組成的全球財團就一種病毒展開了令人信服的線索，除非開發疫苗來儘快接種人口，否則這種病毒會蹂躪世界。世衛組織滲透到俄羅斯衛生部，在部長會議和國家杜馬內種植邪惡的代理人，西方宣傳─感染新冠病毒的人死在街上的寓言─滲透到俄羅斯曾經安全的邊境。沒有一個國家能免受人類歷史上最複雜的虛假資訊運動的影響。

2020 年 12 月 2 日，俄羅斯啟動了第一次大規模疫苗接種實驗，在第一週就擊敗了其他國家，並提供了 690 萬劑疫苗。截至 2022 年 6 月 21 日，8150 萬人至少接種了一劑，其中 7，430 萬人完全接種了疫苗。在西方和俄羅斯，疫苗接種者出現了心臟病、癲癇發作和血栓等副作用，許多人在家中、工作場所或在街上死亡。

美國中央情報局很出色。當無害的新冠病毒傳播時，他們編造了許多人渴望讓我們所有人乞求疫苗的故事。然後，當疫苗出現時，我們確實開始死亡，政府可以將其歸咎於新冠病毒，而不是疫苗。

Zakharov 說：「這是一個如此聰明的陰謀，全世界都相信它。」

2022 年 12 月，衛生部報告稱，在接受三次或三次以上新冠肺炎疫苗接種且不符合標準人群（同性戀者和針頭使用者）的人中，艾滋病毒感染率在全國範圍內急劇上升。2015 年至 2019 年期間，俄羅斯平均每年新增感染 16,000 人。2022 年，這一數字飆升至 63，000 人，包括獨身、非吸毒者。

Zakharov 說，Vladimir Putin 得出了一個不可避免的結論，即疫苗可能會導致一個人患上艾滋病毒和艾滋病。證據無懈可擊；一個人的注射越多，感染艾滋病毒的機率就越大。普京認為這種相關性不僅僅是一個簡單的巧合—疫苗是為提供獲得性免疫缺陷綜合徵而量身定製的。

Zakharov 說：「假病欺騙人們接種疫苗，給他們帶來真正的疾病。只有撒旦人才能想出這個夢。對普京總統來說，這是一件非常私人的事情。」

他補充，普京仍然是純血或未接種疫苗，但他的一個女兒在接受第三次注射兩週後被診斷出感染了艾滋病毒。

Zakharov 說：「普京總統告訴她不要再接種任何疫苗，但她已經西方化了，她接受了謊言，現在她必須一輩子吃藥。這激怒了普京總統。」

女兒的診斷是最後一根稻草。週三，普京下令銷燬新冠肺炎疫苗，並禁止所有疫苗進口。我們的訊息人士說，俄羅斯軍方已經銷燬了莫斯科、聖彼得堡、喀山、車裡雅賓斯克、薩馬拉、下諾夫哥羅德和薩拉託夫醫院的疫苗，並被迫“放下”抵制疫苗清洗的醫院工作人員。據報道，普京表示，在每一瓶都被打碎之前，他不會休息。

此外，普京還下令處決 130 名負責製造人造衛星疫苗的科學家。

評：這樣就可以理解為何有俄烏戰爭了，或許普丁不是像外界認為的是一個邪惡的笨蛋。

俄羅斯總統普京親自下令摧毀俄羅斯境內所有 covid 疫苗，正式承認疫苗有嚴重副作用，並且和飆升的 HIV 陽性病例有關！

文章說中情局很出色（狡獪）的用媒體編造了很多讓人急需疫苗的故事，剛打完疫苗之後人們開始死亡而且把這個死亡歸咎於病毒而不是歸咎於疫苗，這是個聰明的陰謀，所有的人都相信他。

據說是俄國官方媒體，如果這樣就不算街頭小報的假新聞。可信度就大幅增加。相對於製造病毒再用疫苗斂財而言，普丁的出兵烏克蘭，那就是正義之師。

這位科學家用愛滋病毒跟疫苗混搭，這件事情證明了當初疫情之前我跟那些頂級醫學試驗室朋友之間的日常對話是真的。因為這些訊息，院長被踢出一個重要的台灣醫學界群組，很棒，院長已經盡責任拯救你們，可以在上帝面前交差，至於誰要配合魔鬼的作為，連自己的生命都喪失，這是個人自己的事。

報導：

台北地檢署接獲民眾告發總統蔡英文、前衛生福利部部長陳時中防疫不力涉犯殺人罪，累計件數高達數十件，北檢指出這些告發狀均由一名張姓律師提供，將依照調查事證辦理。

北檢指出受理告發的內容為：

(1) 政府採購疫苗不力。

(2) 拒絕民間或公益團體捐贈疫苗、採購高端疫苗政策、價格是否過高，及對高端疫苗緊急使用授權 EUA 的程序、護航高端疫苗等情事。

北檢聲明：相關公務員是否涉嫌瀆職、圖利等犯罪，皆已依規定分案，並持續進行調閱資料研析、傳喚、訊問等偵查作為，目前仍積極偵辦中。

北檢說明：這些由不特定民眾提告的告發狀幾乎內容一致，應是同一名張姓律師提供的告發狀，針對政府防疫措施、疫苗政策，造成部分國人染疫死亡或重病，告發總統蔡英文、前行政院長蘇貞昌、前疫情指揮中心指揮官陳時中涉犯殺人、重傷害及廢弛職務釀成災害等罪嫌。

北檢表示：殺人罪部分先後受理民眾告發數十件，目前列為均為他字案，檢察官就告發內容了解、調查中，將秉持客觀公正、不偏不倚的立場，依照調查所得事證進行最適切的處理，並依法偵結。

我們張律師，跟反針圈大家感情這麼好往來這麼密切，但遺憾的告訴的重點還是沒有抓到！

應該告的是：

- 對於外國廠商政府提供利益資訊盲目接受，無視國人生命財產權益健康。
- 採用強制性手段，剝奪人民的就醫與生命風險選擇權利。
- 強制過程中操弄媒體數據，掩蓋事實。違憲鉗制言論。
- 在事實證據逐漸明朗化後，依然掩耳盜鈴，不思改進認錯，怠忽職守，造成人民生命財產重大損失。

之前的訴狀跟國民黨無力的訴求有何兩樣？這些細微末節是很容易在司法上逃脫的！因為只是某種愚笨的裁量，法律從來沒有判愚笨有罪。

這樣肯定告不成的。

果然：

快訊／蔡英文、陳時中等被控擋疫苗殺人　62案查無不法全簽結 https：//www.ettoday.net/news/20230414/2479226.htm?from=ettoday_app

Chapter 19

從根本判決邏輯與實務現況之間關係討論台灣司法的問題。

第十九課　論司法

有人說「法律是保護懂法律的人」，這句話並不十分精確。因為，真正的法律，就是要在社會上擔任賞善罰惡，除暴安良，官兵抓強盜的功能。如果功能低下，導致黑道猖獗，詐欺橫行，那司法無論怎麼用專業術語來自圓其說，都屬失職。而這正是台灣的司法現況

目前臺灣司法當局講求的，只是一種「司法套路」，一種讓對錯可以混肴，是非可以顛倒的「套路」，這怎叫法律呢？

只是一套可以假借司法名義，完全法官說了算的邏輯詭辯罷了！

如果一格法律條文連三級法院資深執業律師間也會搞錯爭執的，叫一般民眾行為何所適從？

最「不懂法」的，其實就是這些專業玩法者……

大小刑案，恐龍無所不在，只是案件有無引起關注。

刻意將判決到社會一般正常生活原則的相反面，是司法人員藉以擴張自己在社會上影響力與利益的內心潛意識與獲利方法。

而平民不懂法，其實只是一種藉口。一個法律訂定之後，其界限與適用本就必須清楚的同時確認並告知大眾！而不是在法官心裡忽寬忽鬆。法律的目的是要為一般人平常的互動生活做公正客觀評判，不是為了地球以外的外星神佛推理辯證用。

律師與法官的見解不同，難道不是同為法律人？難道律師一半以上是騙子嗎？

如果連專業人士彼此見解都不同，人民怎麼辦？

不可預測的法律，就是讓人民行為無所適從，無法判斷，也是詐騙邪惡的溫床，社會腐敗的主因。

用簡單數學原理解釋當今司法邏輯為何必然導致恐龍法官的結果：

任何用符號包括文字，數字代替現實社會事件的符號有如數學一樣，有實數，也有虛數。虛數也是在符號邏輯之中，但無法對應真實存在的事物（數線）。

法學如按最大絕對邏輯，就會如同「虛數」一般，跟現實生活脫節，此時法官就可以根據其虛數邏輯無限上綱為上帝，好比之可以用幫人家把皮包從樓上拿到樓下的行為就定罪強制，當然兩個情侶吵架時說「不許走」也可以算。也可以用營業登記項目排除在營業場所發生的違法事件，診所的營登項目中無殺人，故同理可證在診所可殺人無罪。各種人生判斷在絕對邏輯思考方式的創意空間發揮下，滿足了法律人的優越感與權威感。

司法該要回到地球，回歸生活，我們真的需要陪審團嗎？

其實以台灣人目前的生活狀況，很難再挪出多餘的成本來組陪審團，很多理想都很好，但是一涉及成本問題，就幾乎可以斷定幾乎不可能實施。我們應該設想出一個更直接可以改善司法的精簡有效的方法。

管台灣人也好，中國人也好，都並不是邏輯特別好的一群人，有非常多的主觀意識判斷，或者很容易受情緒外表影響，需要陪審團的原因只是希望所有仲裁的結果必須基於人一般社會生活上自然互動的邏輯，擔心『絕對邏輯』的思想結構會架空『真實』的善惡判斷。而這當然就是現在在台灣發生的司法問題，讓裁判的品質可能輸給丟銅板，原因即：

『用絕對學術邏輯取代正常生活邏輯。』

如同數學裡面有無理數，虛數一樣的意思，如果法官是按著純粹的邏輯去判斷，法院將成為一些陰謀分子設計構陷的一個最好平台。而且原先追求公平正義的可能性會幾乎完全歸零。為何？我們以之前通姦罪為例，在絕對邏輯當中要要求生殖器插入，而且要有確實的證據，在這種嚴苛的要求狀況之下，除非是仙人跳，否則根本不可能定罪，所以這條法律就如同為了讓人設計仙人跳而訂定……

同樣的在社會上的生活當中，被害者無法掌握時空要素，因為他根本不知道加害者何時要攻擊，所以根本不可能有法官要求的證據。

相反地，操弄司法在社會上作惡的人，他隨時隨地可以準備很多似是而非而充足的證據，因為攻擊的人事時地物都是由作惡的人決定。

所以在這個狀態之下，設計各種司法仙人跳的人成功的比例會相當高，而一般的官司受害者根本不可能有可以達到絕對邏輯的證據。

所以在現行司法的體制下，得到正義裁判的比例會低於三成以下，搞不好找黑道伸張正義還會更好一點。可能這也是台灣黑道盛行的另外一個原因。

因此，以陪審團用一般人生活常理的角度來判斷，確實是可以讓判決的準確度提高至一般生活水準，讓司法公義得以彰顯。但是基於台灣的特殊狀況，認為底下的方法還是回歸讓司法專業來操作，也可以達到同樣的效果，而且在專業的部分還能判斷的更準確。

司改主張：

■微罪不舉，減輕司法負擔。

1. 小案如精神上的言語，以罰金跟簡易民事賠償為之。

2. 一萬元以下之偷竊案，親友家庭之間無實質身體傷害性的口語肢體爭執強制案件。改簡易「事實有無認定審」罰鍰。

■證據認定需按其邏輯位階判斷。

（事實、文字、口語。證據中發現任何一項為偽則應全部列為不可信。）

■所有判決理由應在公布之前詢問雙方，由雙方回答證詞證據後做判斷。

（判決理由未事先詢問，即為偏私的突擊審判做預備，因為事後也會公布，先問可免誤判，又把責任推至下一庭，曠日費時，浪費司法。）

■不得拒絕雙方證據證人之調查。證人不到庭應強制拘提。

■不應阻止任何一方之案情背景敍述，以利事實判斷調查。

■凡有因果，邏輯連貫關係之事件，不得任意切割。

■重視生活實用邏輯之判斷，避免絕對邏輯之苛求。

■在三項實施的基礎下：無新事證，無明顯推理邏輯錯誤，無證據虛偽證據，無適法疑義不得上訴。

■法官在顯而易見的重大罪惡影響社會生命財產甚鉅下得以在立法之前先行裁量，建立判例，並在事後立法補強之。

如果按這法則，冤案至少減七成。

Chapter 20

理解從美國開始啟動世界目前遇到的最新的結構性問題與發生的始末。

現實說，川普上，則咱臺灣人當美國人，拜登上美國亡國了，咱臺灣人就當世界最強中國人，怎樣都好。但善良，公義，誠實，是否為你人生的不變基石？甚至關鍵時可以放棄一切，以命相搏？

從川普事件，各位觀眾可以好好的檢驗身邊所有人的智商，觀察力，判斷力，以及人格，道德偏見。公開的資訊都在，你選擇聽什麼，無所遁形。曾看到一個以念書考試為人生終極價值的完美高材生的發言，很大程度證明我們國家的考試制度大有問題，而飽讀詩書典籍，對智慧的幫助好像也有限……

至於那些菁英群，那更不用說了。

臺灣錯誤的國際判斷，極可能導致亡國，而且反共可能是假象。

川普與美國的媒體菁英大戰，說穿了，就是數以萬計的傳統精英中等天才與極少數的超天才超精英之間的戰鬥，正如同我之前說的。「目前社會上的傳統菁英，可能反而是未來社會進步的最大阻力」！

傳統的精英最多可以分析 10 種變因，這個能力足以讓他在一般也是中等天才所設計的考試，檢測，口試，當公職學者等無往不利。

但面對實際社會的更多變因變遷的時候反應其實是不夠快的。而這兩種能力通常也會有相當程度的排斥，所以在他們的眼中可能超級精英反而是看起來慢慢笨笨的，或很固執。

而超級天才，超級精英，可以思考的變因可能可以超過百種，甚至萬種，或許他們表面上看起來好像比較遲緩，可是一旦得到結論，很難被超越。他們的人生不會浪費時間在瑣碎的事情上，因為他的人生還有更重要的事情要做。

平常看起來溫良恭儉讓的一般普通精英階層，拿起刀槍來可一點不手軟，優雅的身段只是他們慣用的手法。

而所謂的超級菁英，在他們身邊的人看他們是很冷酷的，言語是很跳tone的，但是事實上他們每一個想法關切的層面更廣，他們往往也出人意料的展現比常人更大的寬容心跟更多的愛心。

在未來，一個新社會的文明進步指標，將是這個社會讓超級精英出頭的速度。

這場戰爭，讓我們繼續看下去。

臉書文論美國大選

2021 年 1 月 31 日正值川普陣營接連在選舉與司法挫敗後，所有人將希望寄望於軍隊。

但此時出現一個消息：以色列國防部說，29 架退役的 F-16 已賣給美國私人頂尖企業（Top Aces Corporation），而這筆軍售案價值達數千萬計美元。

據《以色列時報》（The Times of Israel）和「戰區」（The War Zone）網報導，在烏克蘭註冊的安托諾夫（Antonov）An-225「夢想」（Mriya）運輸機 27 日已將其中 4 架 F-16 戰機送往美國，交付第一家收購 4 代戰機，提供北美空軍紅軍訓練支援的私人承包商頂尖企業。

消息既出，勝敗已定。資優生會不會殺人？除非他找到不被抓到的方法……

這已經不是選舉，這是一場內戰，是以命相搏的戰爭。

如果世界的暗黑集團決定以大規模的作票來開始啟動戰爭，其實這是給你面子，給你一個臺階下，猶如他們向來優雅的身段的起手式，但不表示隨之而來的不是致命的擊殺，如果主流媒體都已準備好，那華爾街的金流後盾，法院的系統，甚至軍隊的步署，也應該都就緒了⋯⋯

吾友說：民主黨將全毀，但未必，因為內戰才剛開始，優等生要殺人，就一定會做好萬全的準備了。

超級拜登，他不只打敗川普，他打敗的是統計學。
他讓媒體聯手傳播錯誤，封殺正義，
他讓各級法官胡言亂語，黃鐘毀棄，
偉哉拜登，讓美國人變成中國人⋯⋯
跪求臉書，痛改前非，請勿封殺⋯⋯⋯

Chapter 21

理解中國現在政治運作方式的盲點，從根本思維去解鎖可能不利國民的施政方式。

就是一個將中國人集體潛意識無差別的貫徹落實到土地上所有角落跟所有人的強力政權。習近平代表什麼？他就是一個最最標準最最完全的徹底的中國人，得到最多中國人的肯定，才能擁有今天的無比強大權力。再說一次，就因為習是堂堂正正最標準的中國人，才能被中國人賦與甚至比毛澤東更大的權力。香港現狀是什麼？就是中國人對待與自己不一樣觀點的人，及利益相左的人的一種方法，這些看起來很醜陋的方法，就只是中國人內心世界的實踐版而已。同樣的事件，也每天都發生在臺灣每個有人的角落，只是因爲民主，跟外在的互動，消弱了中國人作惡的能量。

有趣的是，臺灣人的奴性，也引流來其他外來的善，此時反而是正面的。蔡總統也不遑多讓的，在臺灣實踐她心中的理想世界，她的台灣夢。她快成功了，但最後的目標跟中共並沒有太大差距，因為她也是一個典型的中國人。

中國人是龍的傳人，龍者，聖經中的鬼，一點不差。想要擁有一個全新的臺灣，要從內心深處開始淨化自己的中國人基因，否則換了名字還是一個中國政府，還是一個中國人。

Chapter 22

曾經距離成功那麼近，但是現在只剩下最後一條辛苦的路。

第二十二課 — 對時代力量、民眾黨、柯P的評言

雖然我不能免俗的對高學歷者有些越級的期許，但是習慣面對大量資訊只用加法沒有減法的一群人，他們的社會方針判斷，與社會基本理論的修正能力，最後還是讓人失望了。基本上會花人生最寶貴的時間將無用垃圾放進珍貴大腦的一群人，不太可能是出世天才。

目前臺面上的柯政，沒有快狠準的關鍵施政，也沒有挑戰性革命思維，只是看到一堆未受社會洗禮的文青與社會媽寶，在貲銖必計的想一些以嫉妒為中心思想的施政，再以犧牲社會最底層弱者為作法的設計一些中產階級小確幸。無法滿足人民對活改善的期待。失去眾望又失去能量又想執政的同時，也只有回到尋求財團認同的老路了。

曾經，你們距離成功是那麼近，但是現在，只剩下最後一條辛苦的路。

但你們，還是搖頭晃腦的不知所以然。

Chapter 23

預先防衛性的建立替代性本土實用性的新醫學架構，
探討健保制度與醫師之間互動。

第二十三課 — 健保制度回顧總檢討

目前台灣總健保的預算已達到八千億，我們在第一線的基層醫療單位對於健保的總額支付制度其實造成許多問題。

■各個醫院診所，為了符合健保的支付標準，採取比較相對保守的診療策略，或者說固定的診斷公式，在這個固定的診療架構下，有時候沒有辦法因應患者第一時間多變的身體情況，造成應該採取的醫療作為卻不敢作，不能作。有些醫生在第一線的緊急判斷對患者有利的作為，結果做了之後不符合健保在現場的判斷，造成醫師跟醫院的損失。甚至被健保局處罰的情況。

■目前的支付標準就醫師個人而言，會導致醫生必須更長時間的工作才能維持診所或醫院的開銷。

■健保的條文，相關給付的規定過分的繁複，醫生稍有不慎就誤觸法網，而且常常法院的起訴或判決，未根據具體條文，僅僅根據健保局的片面非嚴謹裁量回答，是因雖小，但後果影響極其重大。常常令涉入其中的醫師面臨不合理的巨大賠款，甚至可能因此身陷囹圄，對於第一線醫務人員極為不公平。

而且健保之裁決，常有殺雞儆猴的嫌疑，為求醫師賠償不擇手段，簡直把司法法當業績作，除對於第一線的醫事人員非常不公平，反而讓敢於承擔的醫生承受甚至刑事罪罰的不對稱傷害。對國人的健康也會有長期的不良影響。

醫生也是人，在長時間疲勞的看診當中有時候，也難免會造成某些人性上必然機率的疏忽，但是法律上對於這個部分的責任判斷，對醫生可說是相當不友善不公平的。

這就好像說殺人罪跟過失殺人罪，承擔的法律跟民事責任完全不一樣的意思。

目前法院對於醫生過失責任的要求過於嚴苛，這個部分已經超越某些人道角度的要求，好像是要求投手投的每個球一定要是好球一樣，這是完全不可能的。

特別有許多病人，他的病況在危急的狀況之下要做許多緊急決定、而且本來這些決定的背後就可能是一種探索跟嘗試，甚至有很多是會超乎現有醫學的假設案例以外的，醫生也是在臨床的案例中一直學習跟嘗試，他的醫術才會進步，不能將醫生「善意所做的嘗試」與學習的行為，在失敗後去過做不合對稱比例的求償。

這個情況下病人跟醫生就會處於一種不信任的狀態，不管對醫生本身投入職場的熱情，還有對於病人本身的信念溝通與理解都會造成很大的問題。這對台灣的醫療進步是一個很大警訊。對於醫生善意的醫療嘗試，應該給予更大的法律上的包容空間，甚至其善意無心的過失的賠償，也應該要先訂一個相當合乎比例原則範圍之內，而不是無上限擴大的一種賠償。

目前健保的總額預算 8000 億，平均除以每個國人一個月是將近 $4000 的支出。

目前第一線的急診處理，重大疾病等整體的醫療對策來講，國人滿意度是相當高的，但是很遺憾的台灣以這樣的預算，來處理慢性病醫療的部分的投入跟成果，其實是有待改善的。

或許這個部分民眾以為我生了病，就可以拿藥吃，這件事情都已經完成了，事實上以一個全世界客觀的標準來講，台灣的慢性病控制部分並不算成績太好。

目前健保的制度而言他對於藥的選擇有很大的限制。

有許多病人並沒有服用這些藥，但是還是持續的領藥，然後對於藥價的制定有時候也不盡合理，造成新藥良藥的排斥門檻。

目前雖然學名藥大行其道，其實在第一線看，即使同樣一種藥，不同的藥廠生產藥性，成分比例也不盡相同。有時候原廠要在製造的時候，它有他並沒有公布相關其他的技術層面、這不是單單用登記上專利的學名藥成份可以仿造出來的。

好比說諾華的特比奈芬（也就是療黴舒 lamisil）原先是效果很好的藥，但是後來代理商委托國內廠商按照學名藥的成分去製造，結果做出來之後效果跟原廠的藥差非常多後來又回去進口原先的藥廠。基本上健保體系是與國際大藥廠緊密連結的一個整體的結構。

在疫情時代，傳統的醫學結構雖然很嚴謹，但是現在應對瞬息萬變的國際疫情，好像反應速度跟實際成果都有很大的改進空間，我們認為政府有必要在這個思維之外重新去尋求新的未來可能性。

探討健保的一些結構性的問題，在制度改進之餘，我們應該提出新的一些想法跟創意，可以快速的把新醫學的研究環境跟臨床環境平台建立起來，我們原先的健保已經是一個很好的醫療大數據基礎，但是現在需要加入新的遊戲規則，還有讓新的醫學理論有更大發揮空間的概念在裡面，醫學上各種人體多樣化的變異，與產業的角度來說如同半導體一樣複雜，非常適合台灣的產業發展。

論國民健康未來新展望：

為了挽救健保，為了疫情後的國民健康，目前台灣在醫學上最急迫的即是建立「本土新醫學平臺」這是迎接新醫學時代來臨，台灣應提出新的傳統醫學之外的新選擇。其背景乃因此次疫情，國際醫療監管單位的腐敗與多次錯誤決策，而臺灣政府無自主意識的亦步亦趨的跟隨，導致民眾生命財產的大量損失，台灣民眾對於失信失準國際醫學單位，應有替代性準備的做法。

而不同地區不同民族的基因，生活飲食習慣不同也導致一般非本土醫學研究的適用性問題。基於以上原因，在臺灣或兩岸，啓動醫學實證平臺有其必要性。從藥學到營養素調整也其來有自。

早期藥學奠基於身體生化反應的調整，多有非食物性的純化合物，藥廠基於專利綁定的投資必要，也習於將配方引導至「特定非自然」成份的開發，增加了藥毒性的可能，一方面在實際商業上也排斥有效而廉宜的大眾食物營養成份。

基於藥毒與人體抗毒修復機制體內拮抗之下，藥毒需要證明的時間很長，成本亦居高不下，形成變相的醫學進步的阻礙，亦造成財團的壟斷。

隨著壟斷，進一步增加對政府影響力的惡性循環，人類的健康權益亦大受影響。而長達十年的臨床，更讓藥學反而成為落後最新醫學十年的必然負面指標。

人體的健康狀態不良調整，除了不得已以單純生化手段作破壞性的調整以外，更積極的手段，是完整生命能量的重建，而第一件最重要的事情就是營養補充。

在人體青壯時期，對營養的攝取吸收及代謝能力正常狀態下，對特定營養補充的依賴較少，或有主張以食物補充即可，然而因現代文明對飲食的精緻化與商業化，亦造成早期的營養不良，而人壽命的延長與生活品質的要求，也大大增加了對一般食物以外之特別營養調整。

而今日生物科技發達，很容易從食物本身的生化改良達成最新醫學理論的要求，另一方面，食物營養素的低毒性，使身體的容許劑量增加，對身體的調整能力大於傳統非食物性化合物藥亦指日可待。

從前特別營養素的調整均在坊間以一般廣告及民眾口耳相傳，或以直銷方式進行，與醫療的相結合關係不足，其科學證據有待調查，然而其重要性日漸增加，有必要引進傳統醫療體系執行，傳統的醫療體系對身體的監控觀測早已深入而且相當完整，營養素的劑量調整，也可以透過正式醫療系統更科學實證的優化。

營養素的施用與監測標準建立：

任何營養素都有其量的問題，過量即產生對身體的危害。從基本熱量到參與代謝程度不同，其低細胞毒性的特性到高細胞毒性如何監管控制需要完整的一套結構。

第一階段：

增加慢性病健保門診的營養調理。

徵求廠商以低門檻加入認證合作。

行銷推廣「以醫學單位，科學調查執行的實驗性營養素調理研究計劃」參與民眾半價優惠。

營養素的評分不應與傳統藥物的是非二分法，應該按其特性作多元區分。

實施對象：醫療機構所屬機關之醫院、診所、安養、藥局。

■三個月五十人

10%-30% 逆轉數據改善：針對部份人士可能或少數特殊人士體質可改善。為有益健康之第一階段評分，相當於有益健康食品等級。

此項標準雖遠未達顯著水準，但考量到新醫學對生命與個體差異之尊重以必須將群眾個別之有利選擇列入考量，對於某些特殊重大之疾病，少數的改善個案亦值得後續調查。故亦不輕視其價值。

■半年一百人

有至少 30-60% 之逆轉數據改善：訂為有醫學參考與研究價值之營養素。建議後續劑量，輔助方調整。此階段所以未達完全的顯著水準，但是其存在之證據已顯現某些高度正面之意義，故應視為高度有益健康成分，值得後續調整配方與研究。

■ 一年兩百人

明顯有改善身體與調整逆轉疾病功能之營養素。

60% 以上：統計學按母數為 200，標準差為 5% 超過 60% 以上為顯著水準。

後續整理資料，可協助發佈相關醫學研究論文。

第二階段：

邀集各大診所，藥局等相關單位加入體系，建立遠距離醫療平台之初步運用實施。

第三階段：

跨境醫學軟件之產業移植整合。

產業進階性方法：

- 先求案例
- 求理論
- 求操作
- 求統計

與以往的不同是：

- 重視單一或少數個案。
- 降低門檻放寬容錯率。
- 多元開放，減低預設立場。

新醫學內容方針如下：

■生命外加能量補充與維持：飲食，營養素，藥物。
■生命內部生化調整：基因，細胞，幹細胞技術與其相關。
■物理作用協同：物理治療，氧氣輔助，紅外線，整脊……
■心理療癒：情緒，娛樂，因思維情緒行為引導的內在激素與賀爾蒙分泌調整。

在這個平台上，所有相關的醫學研究可以如雨後春筍，這是一個可以孕育未來生醫產業台積電的一個溫床，也是健保逆轉虧損最好的方法。

Chapter 24

台灣半導體產業發展的背後關鍵因素。

第二十四課 — 台灣科技業的良心

施振榮先生，是台灣科技業的良心，堪稱半導體產業發展的背後關鍵因素。

很榮幸編者應劉潔瑛秘書長之邀，參加中華中道文化總會活動，由陳樹理事長邀請施振榮先生的演講。他是科技界人士中的最高偶像，在事業上太多類似的看法與決策，其中最大的是分享，作法與鴻海完全顛倒，施振榮的經營理念下，孕育更多的創業公司企。而鴻海則是反向殲滅呑併了許多公司，以與不知名外國一家親共同合作，將臺灣企業盡收囊中的方式，獲得首富的位置。必須說臺灣科技界有今天，施振榮個人的理念絕對是其中最關鍵的影響因素，不管張忠謀或者郭臺銘，只是後續豐碩成果的收獲者。若非因他的思維精神引導下催化臺灣科技業的高度協作分圍與無數微型企業環境，郭台銘的霸氣，張忠謀的老謀深算只能淪為街邊坊間的惡鬥。不但如此，他目前的願景也投入在與我目前重點相同的文化醫學領域。另外陳樹理事長的中道力量也是隱涵鴻鵠之志，志在千里。可惜所提問的是台灣以出口為主的經濟模式對於整體台灣以及最大多數人的福祉是不是真的最好選擇，還有特別是請教他我們未來總統候選人的企業模式跟他的宏碁模式有什麼不一樣，這些問題他都只能輕描淡寫的回答。未來科技界有人想當總統，所以這個問題其實很重要……

Chapter 25

台灣科技業時事評論。

第二十五課 — 時事評論

前民眾黨中央委員張益贍稱，郭台銘參選總統恐怕會讓台灣的半導體產業，在美國的晶片圍堵下產生一個破口。

鴻海（2317）創辦人郭台銘近日宣布爭取國民黨總統候選人提名，前民眾黨中央委員張益贍認為，郭台銘參選總統背後有個很重要的目的，恐怕就是要讓鴻海取代台積電，最後會讓台灣半導體人才「西進中國」。

鴻海公司為此發布重訊澄清，張益贍所言純屬子虛烏有，後續不排除循法律途徑維護集團商譽。

張益贍在政論節目中指出，鴻海看準車用晶片將成為台灣半導體未來趨勢，特地找來台積電出身、後來被中國中芯挖角的「蔣爸」蔣尚義接掌半導體策略長。張益贍認為，去年鴻海投資中國紫光，應該就是蔣尚義建議的，「因為車子市場需求量最高的就是中國。」

針對張益贍的言論，鴻海晚間發布重訊澄清，「張益贍在節目中提及鴻海延攬蔣尚義擔任策略長因而決定投資紫光案，以及有關公司要將台灣半導體人才全部西進中國大陸、創辦人郭台銘選舉目的之談話，純屬子虛烏有，不負責任之言論。」鴻海呼籲外界勿以訛傳訛，針對任何不實言論，將不排除循法律途徑，維護集團商譽。

暗黑評論：

這叫做此地無銀三百兩。郭董不是已經辭所有在鴻海的相關聯職務了嗎？這時候郭董的各種想法行為跟公司怎麼會有關係呢？這時候公司跳出來就是直接證明，郭董競選總統跟自己的鴻海就是有千絲萬縷斷不了的連結。這樣對其他廠商怎麼公平？

阿對吼，其他廠商已經幾乎全部被郭台銘殲滅了喔……美金脫離金本位以後，用茅山道士 3-4% 搶生意的廠商，本來就是準臺奸，如果在聯合對岸戰略經濟政治型的公司一起企圖吞噬台灣的公司，更是臺奸中的臺奸。

故吾人嘆：首富之道無他，唯台奸二字而已！

還要就這種可受社會公評之事來興訟，財大氣粗，為富不仁。

濫用司法的巨型公司就是台灣的癌症毒瘤！許多巨型公司都有一堆與司法搞『公關』的人力配置，當案件到法院時可想而知。產業的過分集中表面上好像是為台灣增加競爭力，可是事實上卻是大幅度的削弱台灣出口的議價能力，讓這些國際豺狼虎豹買家可以針對少數人來處理。

台灣應該要設立一個外貿公平協會，同業可以檢舉出口毛利低於30%惡性競爭的廠商，或者設立基金將這些經濟上必須低於30%的廠商買下來，甚至可以之後讓廠商賣掉公司脫離市場，這樣才是真正公平的外貿。

然後台灣應該學習美國之於友達奇美，對於一些托拉斯公司的不合理貿易，提出本土或國際司法仲裁，亦可升至刑事咎責高度，以保護本土廠商。

這才算是真正守護台灣價值。

Chapter 26

理解從美國開始啟動世界目前遇到的最新的結構性問題與發生的始末。

《獨家報導：佛羅里達州共和黨議員支持川普競選總統》

https ： //nacr.info/WordPress/index.php/2023/04/10/florida-gop-congressman-backs-trump-for-president-as-more-prepare-to-follow-suit/

如果德桑蒂斯州長宣佈競選 2024 的話，他和川普總統都將是出自佛羅里達州的候選人，因此來自該州國會議員的支持就顯得尤其重要。

就在曼哈頓民主黨檢察官阿爾文．布拉格蠻橫地啓動了對川普總統的刑事訴訟後，該州的兩位共和黨眾議員安娜．保利娜．盧納和拜倫．唐納茲公開表示加入該州眾議員馬特．蓋茨和科里．米爾斯，支持川普總統競選 2024，而且未來幾天或幾周內佛州的其它幾位眾議員凱特．卡馬克、布萊恩．馬斯特、弗恩．布坎南和格雷格．斯托伯可能都會宣佈支持川普。

對於將川普總統作為最大敵人的民主黨和左派媒體來說，這無疑是個壞消息。於是《時代週刊》的這篇報道的第一句話就是哀嘆：「佛羅里達州代表團面臨的選擇尤其令人擔憂」。他們越是擔憂，就越證明佛州的國會議員們做出了正確的選擇。

暗黑評論：證明了之前說的話，一個國家對於情慾的態度，就證明了自己國家文明的程度。

情慾這件事情目前在社會上的設定，是基於女性自我為中心對於男性生理心理的不理解，不包容無愛下，來希望獅子老虎違反天性吃草關籠子的另一種女姓沙文主義霸權。由於兩性議題裡面幾乎沒有男性，這個議題一面倒的由女性的單一觀點直接霸凌。

而最後，女性也可能因為這個完全單一觀點的後續影響導致自己在兩性事件中受傷。但是凡短思維的陰性族群（包括男性）並沒有足夠的智慧去感受到這個回力鏢。但是當這個傷害，即將侵犯到全世界人類幾乎是唯一的希望的時候，就不得不把這個偏頗而最邪惡自私，甚至常常侵犯人權的落伍而野蠻的主流兩性觀念直接揭露。

為的是保護更高一層的公義，拜託不要用各種性取向性癖好來構陷檯面上的人物了，特別在那社會還未達近代文明時代所發生的事，例如孫中山。為了這些陰毒褊狹的小人物思維，因而謀殺了世界的救星，跟兩岸唯一的共同語言溝通渠道，太不划算，太不值得。

報導：

仍然有很多反共華人堅持認為郭文貴滿口「反共」他必定是反共，沒有可能是自稱反共是詐騙討大財富，實質是親共間諜，收集海外「反共」人士的個人資料，做到騙財＋迫害「反共」人士 killing two birds with one stone 的大計。

根據 2019 年一個法院訴訟文件，郭文貴曾經付過百萬美元僱用一間由前任聯邦參議員 Malcolm Wallop 和妻子 French Wallop 創辦的顧問公司 Strategic Vision，US LLC. 郭文貴提供 15 個支持他的 IQ 低兼弱智的「反共」人士的名單，請求 Strategic Vision US 顧問公司調查這些海外「反共」人的背景，而且特別調查這些海外低 IQ「反共」華人怎樣協助美國政府進行國安調查。

Strategic Vision US，LLC 指出，他們招募的前情報人員與前執法人員執行調查後發現，名單中前 15 個人已被美國政府指定為「紀錄受保護」，某些資訊不能公布。這種作法通常用於高度機密和有存取限制的政府資料庫。戰略遠見的結論是，郭文貴想要取得那些協助美國政府進行國安調查，或參與其他敏感事項之大陸公民的資訊。

戰略遠見指出，「郭文貴從未打算利用該公司的調查成果來對付大陸執政黨。這是因為郭文貴並不是他自稱的異議人士，他從以前到現在都是為大陸政府服務的異議人士獵手、宣傳者和特務」。

不過低 IQ 的華人就算被中共間諜郭完全欺騙了，仍然堅持這個「表面反共」的中共間諜其實真的反共，只因為他滿口「反共」，但他的親信余建明和王雁萍都是忠心的中國共產黨員，尤其是通緝犯余建明被委任中國重慶的政協委員，也在親共統一組織「香港青年會」做執行主席，另一親信王雁萍表示她的家族有深厚的中國共產黨背景。

暗黑評論：

基本上這個消息由某媒體揭露出來，就令人覺得有鬼。

也不排除，是中共內部自己放出來的消息，刻意承認郭是內鬼，因為郭的殺傷力太大。所以用承認他是內鬼的方式殲滅他。以郭的角色當然可以調查任何成員，因為他也要確保身邊的人不是諜中諜，光這件事情不能成為指控。

按照郭文貴所發布的內容，的確是對中國會有很大的影響，如果採實質影響論，他絕對不可能是中國的反間諜……

報載專家：馬克宏拒絕與中國「脫鈎」，大膽且明智！

專家分析稱，法國總統馬克龍對中國進行訪問表明，儘管法國與美國及其盟友擁有共同價值觀，但它仍致力於捍衛自身利益，拒絕在經濟上脫離中國，也不想陷入與中國對抗的邏輯，這是「大膽和明智」的。

法國國際關係與戰略研究所網站4月7日刊登了對國際關係與戰略研究所合作研究員、巴黎天主教大學教授埃馬紐埃爾．林科的專訪。

林科表示，法中兩國都希望重啓所有領域的合作。對法國來說，要表明儘管法國與美國及其盟友擁有共同價值觀，它仍致力於捍衛自身利益。陪同訪問的有50多位大企業高管，很多企業進駐中國已有數十年，法國企業迫切需要簽訂合同、獲取利潤。

林科稱，在國際問題方面，馬克龍提醒道，沒有歐盟和中國，就不可能有持久的進展。對於烏克蘭危機來說是如此，在另一個完全不同的領域—氣候保護方面亦是如此。因此，這次國事訪問極為合情合理。

法國的這一舉措值得歡迎，它反映了針對時局的大膽和明智。法國不想在經濟上脱離中國，從戰略角度講，法國也不想如美國所希望的那樣，陷入與中國對抗的邏輯。

林科還稱，讓歐盟委員會主席馮德萊恩參與此次訪問是一種讓法國的倡議具有真正歐洲維度的方式。馮德萊恩與馬克龍的組合將向中國傳遞繼續進行貿易的信息，也就是説，這是拒絕美國呼籲的與中國「脱鈎」的表現。這個信息似乎被聽取了。

此外，俄羅斯政治學家德米特里．韋爾霍圖羅夫在俄羅斯衛星廣播電台的節目中表示，北京強調對法國總統訪華的重視，並以此敦促巴黎回歸更加獨立於西方整體方針的政策。

評論：

首先大家要知道馬克宏的老婆就是羅斯柴爾德家族的後代，不要以為這是一個單純的師生戀姐弟戀，他的所有一切操作，就是為了作戰兩方在開展之前的均衡態勢，因為如果一面倒的支持一方，戰爭就不會發生。就是要給予另一方莫名其妙，跟事實不符合的自信心，這樣戰爭才可以打得起來。等到戰爭打起來之後有一方會突然間發現實際情況並不是這樣子，而且原先的背後支持者也會突然倒戈或停止支援，讓發動戰爭的一方兩面不是人然後相關的人被迫只好打到一兵一卒滅亡為止。為什麼希特勒會這麼痛恨猶太人非將他們滅絕不可，絕對不只是單純的為了世界和平或維持德國的種族優勢，主要可能因為他覺得被猶太人出賣了。

報導：

美 CIA 局長 William Burns 的分析顯示，俄羅斯在烏克蘭戰爭中的挫敗和西方國家的團結，讓習近平和中國軍方領導層懷疑他們能否以可接受的代價成功入侵台灣。雖然短期不會，但未必削弱他控制台灣的長期決心。

評論：

入侵台灣的代價，必須是戰場移至中國，而且目標是至少隔江而治，讓兩岸保持實力平衡，才能止戰，而且才值的一戰，甚至設定為光復大陸，這樣才能有效嚇阻。如果有人反對，那就是對美國，甚至八國聯軍的戰力完全沒有信心，那乾脆就投降。

如果有信心，就必須用這個條件告知中美雙方。

Chapter 27

論台灣社會中，一些非主流邊緣性產業跟社會人口發生的原因與重要性，以及如何用正常化的角度去理解，並梳理其運作。

第二十七課 — 社會篇

毒品興旺的社會因素。在飛機上偶見報導：政府以傾國之力去嚴查重罰禁絕毒品的這段時間以來，毒品的泛濫囂張，一點沒有減少反而更猖狂更囂張了。

有個著名的實驗，就是科學家發現，在二戰期間因傷大量注射嗎啡，甚至用量遠超過一般吸毒者的士兵，在傷勢痊癒後，毒品上癮的狀態極低，於是得到，毒品上癮的心因性原因勝過生理上的原因。

青少年的身體約在 17 歲左右達於高點，其心理，生理上的慾望都是整個生命中的最高峰。這是上帝創造的原始設計。在古代，可能婚嫁，繁衍後代都已經在這時間開始。

但是以人類人為的社會系統，產生了君權，政權，貧富等階級制度後，人類開始了多數人出生就是為了為奴貢養極少數人的狀態，所以這個生命的黃金噴發時期，大部份人，正在準備其學習一個完美奴隸的功課，而必須壓抑自己身體心理滿滿的能量與慾望需求。

極少數的人，成功而服從的控制了這個部份，而在為奴的位置上，佔了較高的位置。但是絕大多數的青少年，壓抑不住自己，衝破了這個社會限制，走了能量潰堤，江水泛濫的，不受控制的路。特別在現在，社會上階級的差距越大，翻轉的機率越小，在生命正常的需要無法滿足，也看不到未來希望，而誘惑卻越來越多的時候，他就自己另找出路了。

青少年使用毒品，代表的是用行動打破社會的藩籬枷鎖，包括經濟上，包括道德上，更是建立一種遠勝過傳統制度下的緊密同儕連結，不但是身體情慾愉悅的的，也是心理親密認同的。這個力量很大，政府無法勝過，甚至連大部份家庭的親密能量，也無法勝過。

雖然，極度快樂的代價是以生命重價換得，然而，如果不是這樣，他們就像在出生在馬戲團被豢養的大象，雖衣食無缺但連最卑微的快樂都很難得到。在很長的地獄與短暫的天堂當中的選擇題中，沒有人是笨蛋。

目前臺灣社會正常的婚姻是30幾歲，說難聽一點，生理已開始退化，年老而力不從心，色衰皮弛，要是在古代平均壽命四十幾歲，都快死了。

當人生命過了這時期，生命的黃金期已然尾聲，就只能靠著特意的生理控制來延長壽命，卑微的苟活，貪婪的捕捉不應合自己生命狀態的暴食。隨後年齡累積，社會實力成長，之前少年未滿足的慾望隨想像變態的擴張，雖然自身的條件卻越來越不相稱，但因時間累積而有了掠奪豪取的力量，而社會，就輪迴在這奇怪變態的供需配對……

這是在台北高層富人社會社交圈中所看到的，不堪入目的現狀！

恐怖嗎？但這世界上的悲劇不因你刻意忽略逃避而消失，不管多慘，多恐怖……

隨著社會的改變，宗教的定義更要改變，政府的思維更要改變，才能帶領人們脫離魔鬼兇惡的網羅，走向上帝有愛的正道……

談八大行業

由於相關女性議題學者專家的努力，男女的平權發展達到了前所未有的狀態，這是在從前所沒有辦法想像的。如果今日還有什麼提到女性的權益保護的部分，編者的觀點是認為：目前的女性權益還有大幅改進空間的地方，在於社會弱勢階層的「性工作者」身上還有很大值得改進的空間。

由於各國政府對於百姓的道德認知操作，社會上普遍對於性工作者採取更高道德標準的負面觀感。所以各國政府法律上也傾向於禁止或被動的態度，但是這樣的方式並不能杜絕情色行業，只是讓這個行業轉到地下。然後這個階層的女性只好依附在系統性的黑幫組織底下去謀生。

其實性工作者的合法化一直不應該是道德的問題，而是應該屬於一種社會的利弊權衡得失的選擇問題。

如果一個女性在普遍社會反對的狀況下去選擇這個行業，既使他個人不排斥，對他而言也是一個次等的人生選項，之所以做這個選擇，絕大部分有非常多的非自願情況。很少人知道在高度發展的資本主義社會底下，這一群性工作者卻擔任者很重要的社會財富分流的角色。我們的政府並沒有太多的作為跟干預，讓逐漸集中的財富可以分流到社會。而這工作就由性工作者承擔起來。

絕大部分的兩性學者都是以女性居多，在考慮兩性互動的準則時其實常常忽略男性的生理心理本質，所以常常讓理想與實際不能平衡，對於這塊都是採取掩耳盜鈴的態度，以致於衍生更多的問題，如果兩性學說可以完整的納入男人的身心特質來綜合因素判斷，人應該會把人情慾的部分，跟珍貴的愛情與神聖的婚姻做區分。泛道德性的訴求或者是與女性或陰性思維生理心理因素單一方思考的結果，其實結果反而導致女性的實質上權益損失更大，也讓整個社會的婚姻結構更不穩定。

在這邊必須要提醒的是，女性單方面的感情與生理上的喜好愛好，是屬於私領域的選擇，但是作為政府，卻不可以把個人，或者純粹單性別族群的喜好跟偏好，化成許多法律上的規定，去強化這種個人中心思想，成為一種管理社會的條件與原則。

基本上這樣的做法，有可能是違反基本人權。任何法律的訂定一定都必須是基於雙邊的，全面的考量所做的訂定或裁決。基於女性或者說陰性思維，單方面的感覺跟需要，去訂出許多社會上的規範，而跟實際社會運作的狀況不同，即形成一種社會上的偽善表面，與骯髒的實質內在。

當您發現社會上因著八大行業衍生出來的經濟規模，還有他的社會佔比，我們不得不對這一切的道德判斷重新思考。

一般的老百姓可能不知道，目前社會上的底層消費金流可能有將近四成以上（可能更多）是由這個暗黑管道釋放出去，如果一旦明令禁止，社會上底層的經濟困難，將大量的爆發出來到幾乎無法控制的程度，這些社會的問題並不是這些八大從業人員的錯，一切錯誤與邪惡都是發生在社會財富分配開始的時候。更進一步言，這個社會上的精英管理階層自認為完美的社會分配，事實上能養活的人不夠多，而這些八大從業人員，反而成為他們有限社會方程式疏漏的最佳救贖者。

我們社會必須更理性更善良更「合法」的，去看待這些八大行業的工作者。

實際上，一般合法登記的業者，介入性交易的狀況幾乎沒有，而相關司法，稅務，警察單位對於這種經營者無利益，善意的經營模式過程間接產生雙方合意的性交易，不應該有異色的眼光或差別對待，甚至以管理人之連帶責任去對相關事業負責人以法相繩。

簡言之，八大行業不應該成為司法之業績，或警察油水外快之所在，讓原本人力已經大量缺乏，無力逮捕黑道罪犯的警力，找到一個可以柿子挑軟的吃，對底層最弱勢百姓下手的一個機會。如果真的要吹毛求疵等同辦理，那首先要關的應該是所有的五星級旅館跟汽車旅館，因為在法律上他們產生的要件是一樣的。

如果按最大的宗教人性的善意來思考，最應該來做這件事情其實是宗教團體！

呼籲開放讓性工作，情慾產業者全面合法，最好讓 NGO NPO 組織來介入，如果要設立性專區，應該設在信義區大安區豪宅最多的地方，針對主要客戶就近服務才對！

Chapter 28

讓台灣的外勞政策協助中小企業的發展根留台灣，
並解決社會福利上勞工短缺問題。

第二十八課　－　談台灣的外勞政策

轉高為邦博士灼見：

不面對問題台灣經濟不會好！2008年2月宣明智（聯電副董事長）王振堂（宏碁董事長）陳瑞聰（仁寶總經理）共同呼籲當時的兩位總統候選人，鬆綁外勞政策以挽救最後一個筆電生產線移往中國，但是當時的兩位總統候選人馬英九及謝長廷都不予回應，裝著沒有聽到。也就是不願意去面對產業外移這個問題，總以為「開放」經濟就會好。結果造成年輕人找事困難、起薪低、平均薪資十六年凍漲、少子化及財政破產等問題。16年後，馬英九及其國民黨嘗到總統及立委選舉全面潰敗的苦果！

這次總統及立委選舉，蔡英文及民進黨大勝，可是一樣的對這則新聞「儒鴻將關掉在台最後成衣廠」視若無睹，不發表任何評論。如果蔡英文及其團隊認為其主張的五大創新產業政策可以挽救台灣的經濟，那她會很快的陷入更艱巨的經濟困境。

贊同高先生灼見：

台灣的勞工短缺，是很嚴肅的問題，隨著社會的進步，台灣人民普遍生活水準提升，相對有很多非常需要人力的產業與工作找不到台灣本土勞工，除此以外，外勞政策也與外貿內需經濟息息相關。政府最大的考量是就業率擔心排斥，實則相反，正確的外勞政策，可以讓許多中小企業更能根留台灣，反而可以創造更多白領就業機會。

我們的政府，有時候會給人一種感覺或巧合，所有的執政政策都在公義的背後有一種私人利益介入的綜合考量，因此對於一個可以一勞永逸，好的長遠政策建議與做法完全無感，然後對一些漏洞百出的挖東牆補西牆的短期施政卻特別垂青。

特別明顯是在有特定人利益的外勞政策：

本來對於外勞政策就不應該要捆綁於本國人基本最低工資，除非國際人權協會有另外的規定。否則對於台灣的外匯支出是會有一定影響。

但是話說回來，本來台灣就是全世界所不承認的國家，自然而然我們就不必去配合這些約定，除非我們變成被世界承認的國家！台灣的政府一直以來最不懂的就是議價！其實在國際社會中，軟弱只會招致更軟土深掘的欺負。

而且台灣本來就是有台灣自己內部的經濟產業形式，有自己的考量，不需要隨著全世界起舞。別的資源國家的優越感，不見得適用臺灣。

在目前台灣的社會環境當中有許多工作已經不是現在台灣這一代的年輕人所願意去做，這樣工作的特別性質，政府可以開放更多的外勞。

歸納原因如下：

■開放外勞之後產生的是更多白領需求，有助於增加更多高品質的工作機會。

■可以讓更多產業根留台灣，讓自己的百姓無需投資到風險不確定的外國。這將產生喪失生命財產的巨大風險，我們不可以因為少數的大企業成功而認為理所當然。因為大企業他可以有很多種方法規避國際投資的風險，但中小企業並沒有。

■開放外勞的主體，不應該是大企業，應該從中小企業開始，因為從中小企業當中可以產生更多的白領需求，而且兼顧社會的公平性，台灣這個社會對中小企業，特別是微型企業特別的不公平狀態，可以藉外勞政策這個方式來調整。

■台灣邁入老年社會後，有許多家庭忙於工作自顧不暇，不可能支付高昂的本土勞工老人照顧費用，而往往照料的費用還高於其工資！如相關的規定過於嚴苛，未來將產生很多人倫悲劇，應該放寬這部分審核標準。

■外勞引進的費用，應該以一次性費用，而不是長期抽頭的類人口販賣方式，才能落實外勞的人口管理，避免外勞逃逸，產生更多的問題。

按上面幾個原則，引進外勞不但不會造成本土勞工的工作排擠，甚至還會增加更多的本土勞工的白領工作機會。

政府不該為了保護少數既得利益團體，而將眼光放在外勞的類人口販賣從中取利的生意。應該放寬心胸動態或控制，去計算外勞原本土勞工的工作平衡點，跟本土勞工獲利的最大公約數。

Chapter 29

建立台灣文化藝術的主體性，以及在世界上的定位，
還有文化與社會發展的同步提升。

第二十九課 — 文化政策台灣的國家文化政策

記者趙靜瑜提出

中國表藝董事長任務一是向文化部爭取更多預算，一個是向立法院爭取保留更多預算。態度應正直而不包藏私心。認為行政法人組織精神最重要有兩個，一個是「臂距原則」，一個是「專業治理」。熱愛各類表演藝術，不偏食不挑食。

表藝會不需要參加過多少世界知名音樂會經驗的董事長，而需要一個可以給表演藝術產業建構願景，啟發這個產業也能給大方向的董事長，並為國表藝帶來多元資源。關於國表藝三場館藝術總監必須認清藝術總監的份內之事叫做藝術，行銷推廣雜誌文宣停車場花園廁所等雜事不是不重要，但如果節目沒有藝術，沒有高度，則沒有意義。

認為個人主觀喜好不是職位賦予的權力，但勿把觀眾當成實驗品，同溫層的讚美是甜點，也是毒藥。其結語是：珍珠不是無時無刻都發著光。不要迷信大團就一定會有好作品，也不要迷信小團新團就一定會有可以執行的新創意等等。

評論：

其實經營音樂廳場地的政府單位或者行政法人的名詞遊戲單位，不應該自任莊家。這是一個與民爭利的不公平競爭。包括音樂廳可以優先刻扣下來的場次，包括國家的經費。

特別是邀請各種外國的音樂家到台灣，除了建立邀請人自己個人的國際關係之外，不認為有特別的必要。

除非是跟國際音樂節的音樂家做交流互換，這個經費完全沒必要支出。我們不是外國政府的附屬藝文單位，不需要去做各國政府自己在做的事。

因為沒有一個公司會花廣告費去行銷別的公司的產品。

如果覺得邀請國內音樂家用不完，經費太多，就請將經費補助民間企業單位來做這些事情，而不是掌控在手上，讓自己變成國際音樂界呼風喚雨的重要人物。

所有的音樂節都可以按節目分項外包給所有的藝文廠商，讓他們提供音樂內容節目來競爭由國家評選給預算就好了，而不是自辦音樂會。

難怪那麼多人熱衷選舉，因為所有的資源都往自己人身上兜，不管媒體或者是藝文。

台灣的國家文化政策是相當弱的一環，並非在實質層面，而是精神層面。

一個國家的文化，就是國家本身的品牌價值，而我們國家的品牌價值一直都需要靠外在力量的肯定才能建立，如果失去了外國的肯定，好像本身的價值就無法建立起來，在這點上是台灣政府需要改變的。

台灣的文化政策，就是必須做到可以不卑不亢的實現「台灣主體價值」才對。

以國家音樂廳為例，對於國外及國內演奏家的給付標準差異甚大，睽諸國內許多音樂家實力早已晉身世界級演奏家之林，此種給付標準乃是自我設限。除非是文化節慶之互相交換，否則以台灣當地的音樂節目應以台灣本土演奏家或本土文化藝術之節目為主。

再次重申呼籲：**國家級藝文場地不應該挾外自重，特別如國家音樂廳，國家級藝廊場地，更不應該自任莊家，國內藝文公司經營本不容易，應該更開放場次，而政府預算應以補助本土音樂家藝術家與節目為主。**

以古典音樂而言，台灣目前可以贊助世界上最頂尖的樂團，一年來七八個的能量，用來支持台灣的樂團跟台灣的音樂是綽綽有餘，台灣的古典音樂推廣，是全世界該領域的典範，從政府開始植根基層學校大力補助的軍樂管樂團，到 30 年前民間發起的課後弦樂團甚至還得到吉尼斯世界紀錄，**台灣這方面的能量完全不輸任何國家。**

音樂是一代事業，海飛茲再好，頂多不過百歲，台灣永遠有機會在這裡站到世界的最高點。外國的企業家也是大多贊助本土的樂團跟藝人，各種音樂節都是交換資源，或者以本土藝術家為主導再配合其他世界各地的藝術家。台灣這邊政府與企業的思維需要再提升。這才有遵照蔡總統的諄諄教誨建立「台灣價值」。

Chapter 30

從教育的領域去探討台灣的青少年在發展時期的自我社會定位，以及台灣的黑社會幫派份子深入教育系統的根本探討。

台中高中生輕生案教育局認定不當管教成立卻僅送考核會記過挨批校長未一同列案調查，學生家長無法對調查表示意見。

經人本教育基金會調查發現，疑似原因之一為該生在校曾被該校學務主任、教官當成罪犯栽贓偷錢、多次搜查書包、記過逼休學，甚至主任教官對其他同學說「該生就是社會的敗類、垃圾，你不要跟他在一起」。

台中教育局公布調查結果，該校前學務主任、主任教官及2名學務創新人員有不當管教，造成該生身心傷害之情事。校方決議依調查小組建議，將上述人員依各自身分移送考核會、相關委員會做行政議處。

台灣青年民主協會日前投書指出：

將長期霸凌分次切割為不當管教，只送考核會最重記大過人本痛批教育局「避重就輕」！

對於調查結果，認定校方不當管教成立，但依照相關法規校事會議可選擇送教評會進行有關教師身分解聘、停聘等處分，最後校事會議卻選擇送「考核會」，依照公立高級中等以下學校教師成績考核辦法規定，送考核會最重記大過處分。

人本教育基金會發出新聞稿認為，「台中市府要完整看待孩子受害的過程，要用集體、頻繁累積傷害的概念來看待學務主任、教官、學務創新人力的各種違法、身心暴力、濫權等行為。本案學務處人員之惡行遠遠超過不當管教。」

人本教育基金會痛批，「不應當將部分行為分割認定為不當管教送考核會結案應該等待調查程序完結，並給予家長對調查結果充分陳述機會後，再分別交由教師評審委員會、軍訓教官人事評審委員會等相關程序綜合評估全案行為，進行不適任之判斷，才能還原事實真相。請台中市政府懸崖勒馬，不要再用此一粗劣手段欺負受害者家長，欺瞞大眾。」

協會認為：

受體罰、不當管教當事人及家長無法閱覽調查報告應讓家屬有表達意見機會。

在進行不當管教、體罰的調查，過程中會對當事人、家長進行訪談，但在調查報告完成，校是會議做成決議後，受害學生、家長卻在後續程序欠缺當事人地位，無法閱覽調查報告，也無法就調查內容及結果表示意見。

「台中市政府未將調查結果提供受害者家長，受害者家長對於本案調查是否有疏漏、是否有證據未獲參採、認定是否合理，受害家長都無存得知並進一步指正說明。在這種情形下，台中市政府對外放出調查結果消息，無疑是剝奪了受害者具體主張的機會，也使調查結果公信力不足，呼籲市府應立即提供完整報告及卷證給家長閱覽，使受害者家長有完整提出意見之機會。」

校長未被列入第一波調查教育局則回：校長並非第一線管教人員，已將該員送校長考核會議處。

對此台中市教育局長蔣偉民則回應，「校長非第一線的管教人員，校長責任在於事件發生後，疑過於消極，未依程序立即啟動調查，教育局已經主動移送校長成績考核會。」

暗黑評論：

看到新聞的當下，會很驚訝以現在學生受教者的權利高漲，家長會勢力龐大的教育界會發生這麼嚴重的霸凌事件。

其實並不會讓人意外，因為校園的霸凌事件，向來也是欺善怕惡。校園的老師無法面對黑社會魔爪伸進未成年校園。但總是可以拿一些看起來明顯比較虛弱無抵抗力的學生來開刀。

其實校園內的霸凌事件，最主要還是來自於台灣黑社會的企業化，一方面在司法被動，而對黑社會網開一面的條件下滋養，黑社會對校園的介入已經從以前國中開始，到現在從國小高年級就已經介入開始培養。孩童幼小的心靈早就植入根深蒂固的反社會人格。

不管是從家庭，一直到學校，我們的孩子感受到的，都是這個社會邪惡面的成功，還有成人世界的虛偽跟無情無義，在這些孩子的心理，正常的社會架構只是一個冷血的笑話，反而只有這些黑社會作奸犯科的人才能提供他們在校園真正的存活跟保護。而且他們也藉著這個力量，將這種無情冷酷甚至巨大的暴力，藉著對無辜的人身上的的報復，來反擊這個社會。

再者，當我們社會的實況跟學校的教育完全背道而馳的時候，孩子也學到了虛假跟不信任，他們不會有長期的價值觀，只會看重當下即時的利益，因為對他們的人生而言，未來是沒有意義的。

當初李遠哲教改成為了罪人，其實很多原來，很棒的用心良苦的想法，一旦落入了不明就裡，甚至還不了解就排斥的下層執行者手上，他們注定要把對的東西故意弄成悲劇，來證明自己的愚昧是正確，而別人的智慧只是笑話。一個希望啟發思考創造力的課程，落到刻版甚至很多有點自卑的基層老師手上，只會比固定填鴨式的訓練更糟糕。後者至少還有準確的邏輯訓練跟制式溝通。

當然天生我材必有用，期待每一個學生都變成愛因斯坦是不切實際的愛心。台灣的教育在全世界分工的環境氛圍底下，更重要的是及早切入每個孩子的天賦與社會分工。未來在人工智慧取代搜尋的時代。老師在專業的地位將會更弱化。但是在心靈，情感平衡，意志，人格，道德上的培養訓練。反而比過去更重要。

另一方面，技職本身，也是可以順勢發展成累積的學位，並不一定要因為學制而完全改變，讓技職學習的深度與認證，純粹變成理論上的紙上談兵。

就好像在美國音樂也是可以拿博士，這個所謂音樂演奏博士的的授予學位，其實就是技職的人參考的一個技能深度或者學術衡量標準。

校園裡面的虛無主義，絕大部分來自於學校與社會的脫鉤，如果能夠早一點讓學校裡面的訓練能夠早一點分科，投入實作專業，對台灣的生產力一定有非常大幅度的幫助。在實作的過程當中學習的人才會感受到對於該方面的桌上理論的重要，這時候他的學習是主動的，而學習效果也是明顯的。

而且另一方面學校與微型企業的合作也協助減少訓練的人力費用，一舉多得。千萬政府不要把這一塊又變成大型企業的肥肉，在微型企業中，年輕人反而可以培養更敏銳更自我負責的一個職場角色，甚至發覺自己創業的可能性，而如果進入大公司大企業，感受到的只是一種制式的企業文化，或者企業規模與個人的差距成為心裡潛意識中的命定，未必見得對做學相長的學習者有利。

理解了校園的基本問題之後，讓我們再來直接面對校園內的案發現場。

校園內的霸凌事件，如果只是單一的個人格特質，或許可以藉著家長之間的疏通跟老師的注意來排解，但是這只是少部分，事實上絕大部分的校園霸凌事件根本都不只是一個個人特質，常常是因為學生的背後家庭環境衍生黑道思維入侵學校的問題。

孩子在成長期到了一定時間就會面對校園內一些既定的複雜人際關係。而這些準幫派式的人際關係，一方面可能霸凌孩子，但另一方面又提供保護，如果家人師長不快速的反應介入，很快的孩子的思維跟價值觀就完全會被帶走，因為脆弱的孩子，只有在加入幫派組織才有安全感。

校園對於黑道的介入，也要跟司法與警察系統做密切的連線配合，因為目前只靠學校單方的力量是不夠的，這是黑道在校園打開一個地獄的開口一樣的，極其專業危險，黑道的思維向來是叢林法則，所以政府不可以期待讓手無寸鐵的學校人員讓他來面對學生背後的黑道。唯一的方法只有用最快的速度去通報，直接引更強大的力量來制衡，不可以偽裝成太平盛世刻意去忽略這個隱藏性的社會炸彈。這樣才能在幼小的心靈中，建立一個法治的規範，給小孩子一個平安寧靜的校園環境。

51槍打在司法警察的臉上也打在人民的心頭上：

新北市土城地區昨天（20日）發生槍擊案，一名17歲少年搭乘計程車到一間當鋪前，持改造衝鋒槍瘋狂掃射51槍後投案自首，訊後被警方依違反《槍砲彈藥刀械管制條例》、殺人等罪嫌送辦，新北地院少年法庭今天（21日）裁定收容。

小時候我們都聽過「官兵抓強盜」或者玩過這個遊戲，但是一直到我們長大後的今天，我們有了最自由民主選出來的政府，但是我們突然驚覺：

「現在的官兵已經不是用來抓強盜」，

「反而每天只是挖空心思設計各種非合理各式罰款陷阱」，

「官兵抓百姓」的時代。

政府想要抓人民什麼小辮子，可以連誅九族式的，個人隱私調查無所不用其極。不合理罰款稅金，遇到無力繳交者反而落井下石。

但是一旦遇到這些真正作奸犯科，對人民的生活有毀滅恐慌性的黑道惡徒，不管司法檢警，都突然間變得非常被動，連最簡單的基本資料都調查不出來。然後送到法院後，常常是網開十面，對於犯罪證據的要求之嚴苛，已經超越了地球人正常的生活水平。再加上政府的法令紋風不動，讓犯罪人卻針對法令去設計各種可以從犯罪中付出最少的代價，又同時可得到巨額的非法利益的方法。難怪台灣的黑道人數日益眾多，收入金額逐漸龐大。而且食髓知味後變本加厲的演變成更恐怖的人蛇詐騙集團，殺人不眨眼。

現在數位文明科技，凡犯罪走過必留下痕跡，如果說不可能去調查背後犯罪的整個架構跟系統，對於目前數位部可以針對批評政府的全面封殺的現在，這是絕對扯謊的事情。

唯一的可能，就是司法檢警系統或者政治人物與幫派人士互相的交往勾結，才會讓一切犯罪的調查這麼的軟弱無力，以至於必須從百姓身上去製造各式業績來證明自己不是白領乾薪。

幫派在社會上滲透之深，是一直到從國小高年級就開始，而校園內常見的霸凌事件，都成為黑幫深入校園吸收培養其幫眾的一個固定管道。

學校恐影響學校的名譽，通常都不會反映真實的狀況，純潔到與社會脫節的教育人員，根本無法處理這些實際上由黑幫主導的霸凌事件，通常都是掩耳盜鈴。我們的年輕少年從小就養成對黑道犯罪的認同感以及對法律的輕視感。而社會對孩子的霸凌，也加重他未來加入幫派後的冷血殘酷。

而政府對於八大業者投注有色的眼光，反而讓行業更限於黑道人士相關經營，然後又給予警察在處理這些特種行業時不公平的特權，這樣的背景反而讓這些複雜環境當中，造成警察與黑道共同富裕的一種背景氛圍。

再加上政治人物在地方派系的包裝也都很大程度去依賴幫派背景人士，甚至連執政黨都不例外。甚至有許多幫派人士還可以靠著在地方的勢力去成為民意代表，成為年輕人羨慕投靠黑道成功的勵志故事。

這樣政府司法警察跟黑道一家親的狀態之下，怎麼有可能會找到他們背後實際的幕後兇手？以現代的科技，政府檢調單位絕對可以找到元兇，只是要不要而已。而人民也可以讓這樣子擺爛的政府下來，只是要不要而已……

醫學自主：完全獨立判斷的新醫學本土臨床。

國防前進：中美如需一戰，戰場必須在大陸，不可在台灣。寧為科威特，不做烏克蘭。

超越民族：超越民族紛爭的高度，台灣中國不是重點，提升做善良世界公民才是重點。

外貿平權：回歸以價值為基礎的貨幣本位，注意外貿中實質交換內容。

文化升級：媒體應客觀獨立。破除文化間不合理的品牌崇拜，建立台灣本體為國際高度的自我品牌思維理念。

司法落實：讓司法回歸正常生活邏輯的判斷，讓判決與事實吻合，減少法官對事實與證據的選擇操縱。並不限法條可主動出擊邪惡（海洋法背後精神）簡化不必要的微罪改罰款，以減輕司法負擔。

居民有屋：讓社會的實際生產者可以將其租金直接轉換成居住或使用所有權。大幅度調整貨幣修正不合理的社會現況。

八大救國：轉換政府執政的重點，照顧長期以來被忽略的內需產業，放下偽善與不合時宜的偽道德政策，其次讓所謂八大行業合法化，平權化，鬆綁黑道壟斷控制，讓行業透明化，帶動內需。

編輯部預告 — 大時代電影

良政共享平台暗黑商學院即將共同推出每個人切身有關的大時代電影—天擇系列，社會影集以引人入勝又感人詼諧的方式帶您了解現在與未來的世界。

如果，一切操盤者包括暗黑政府的背後，其實是舊約中聖經的上帝，人類該如何應對？

疫情，其實只是暗黑政權統治世界的階段性手段，背後實際的計劃，是世界統一的政府。

故事從暗黑政府的圓桌會議開始：

之前，暗黑政府順利的利用索羅斯掌握金融，比爾蓋茨掌握電腦，福奇掌握醫療，祖克柏掌握媒體，後續以疫情成功操弄美國大選贏得勝利後，決定用疫情開始了世界政府的統治手段。

而臺灣由於其身處特殊地位，臺灣的暗黑區域執行官（女主角）目前被會議付與更高的權責。由於大陸因其政治體制，暫時無法安排區域執行官，臺灣的執行官的任務更重要。在這情況下女主角 Catherine 被選派來執行這個任務。

臺灣一方面是美國政府最忠實的盟友與執行者，也是對美國主義毫不質疑的擁護者，然而在國際利益考量下，始終是資源分配下最後的犧牲者。但即使如此，臺灣人民始終對美國懷抱著如宗教般的崇拜尊重。

然而，臺灣，一個人民日常以罵總統為生活樂趣的言論最自由的地方，在暗黑政府執行其日漸獨裁專制的指令時，其在臺灣社會上的衝突與矛盾就產生了。

John是這個反暗黑政府的領導者，女朋友因打疫苗過世後覺醒，連同他最要好的朋友小明及其原主流醫生世家的院長父親，一起發起對國際醫療組織系統的不信任案並投入從「新醫學革命」開始的一連串社會革命。

女主角Catherine，原來是暗黑政府在遠東地區的執行官，來台灣之後因為要取得純正基因，但在懷孕後，與John產生一段奇妙又矛盾的情愫。

全部的進行都在我們看得到的生活情境中運作，外表看到的是一個現象，但是每個階段，透過與三個領導人（中國，臺灣，最後跟暗黑集團）的對話，卻看到了與表面上完全不同面向的因素與答案……

主題曲－天擇

魔鬼帶著天使面具，真相變得撲朔迷離，病毒共存死神共舞，家人隔離異地而處，

早就訂好遊戲規則，活著叫作物競天擇，一邊肅殺冷血邏輯，一邊鼓吹愛是唯一。

物競天擇跨不過去，我的上帝你在哪裏？警察流氓稱兄道弟，財閥政客乾杯隨意，

共同策劃一場大戲，靈魂控制無聲無息，獨裁盡頭全部同意，思維統一方便管理。

你要還有其他意見，社死暗殺葬身之地。人的愚昧不足為懼，貪心才是滅頂之舉。

疫情風暴襲捲蒼天，行屍走肉遍佈大地，大聲呼喊直到窒息，心跳停止失去力氣。

熱情冷卻夢想破滅，我的愛人沒有消息，物競天擇跨不過去，我的上帝你在哪裏？

人在死海載沈載浮，巨浪滔天生死未卜，都在等待著救世主，反手英雄推進末路。

物競天擇是硬實力，愛的能量才是真理。如果你再自私自利，人類滅亡毫不稀奇。

物競天擇跨不過去，我的上帝你在哪裏。

敬請期待——

給老百姓的總統必修課

國家圖書館出版品預行編目(CIP)資料

給老百姓的總統必修課 / Michael Chang總編輯. -- 臺北市：張鎮洲, 2023.06
面；　公分
ISBN 978-626-01-1376-6(平裝)

1.CST: 元首 2.CST: 言論集

572.51　　112008444

書　　名：給老百姓的總統必修課
總 編 輯：Michael Chang
出版日期：2023年6月
定　　價：NT450
出 版 者：張鎮洲
ISBN： 978-626-01-1376-6

通 訊 處：台北市文山區指南路三段52號四樓
E-mail：guarneriuschang@yahoo.com.tw
電　　話：0939214463

連署授權委託書

一、茲委任　　　　　　　　　　　或其授權者，代理委任人廉署正副總統選舉或公投事宜。
二、委任人同意受任人持有本人註記「僅連署用」的身分證正反面影本與本委託書之簽名式，以電腦作業方式，黏貼於連署書上，或代為刻印蓋章。
三、委任人得不經受任人同意，將連署正副總統選舉或公投事宜，同時委任他人代理。
四、除當事人一方往生、破產、喪失行為能力或於每農曆年終前終止，委任關西續延一年。
五、委任人僅以簡訊/line/微信等方式通知受任人，即可隨時終止委託。
六、委任人必須在收到前項通知後一週內告知已經知曉終止委託之訊息。
七、委任人終止委託關係後，受任人如仍違背，應負責所有法律責任。

受任人：

委任人簽名：梅峯

身分證字號：F120000001

手機號碼：　0933888880	line ID /微信ID：0933888880 / meifengnorway

冤屈/願景：

中華家國願景

中華家國 富強合共 習皇立憲 多黨內閣
政黨政治 公費選舉 選黨為主 選人為輔
醫教免費 市地共有 家婦基收 世界大同

中　華　民　國　112　年　五月廿二　日

連署授權委託書

一、茲委託　　　　　　　　　　或其授權者，**代理委任人廉署正副總統選舉或公投事宜**。
二、委任人同意受任人持有本人註記「**僅連署用**」的**身分證正反面影本與本委託書之簽名式**，以電腦作業方式，黏貼於連署書上，**或代為刻印蓋章**。
三、委任人得不經受任人同意，將連署正副總統選舉或公投事宜，同時委任他人代理。
四、除當事人一方往生、破產、喪失行為能力或於每農曆年終前終止，委任關西續延一年。
五、委任人僅以簡訊/line/微信等方式通知受任人，即可隨時終止委託。
六、委任人必須在收到前項通知後一週內告知已經知曉終止委託之訊息。
七、委任人終止委託關係後，受任人如仍違背，應負責所有法律責任。

受任人：	
委任人簽名：	
身分證字號：	
手機號碼：	line ID /微信ID：
冤屈/願景：	

中　華　民　國　112　年　　　日